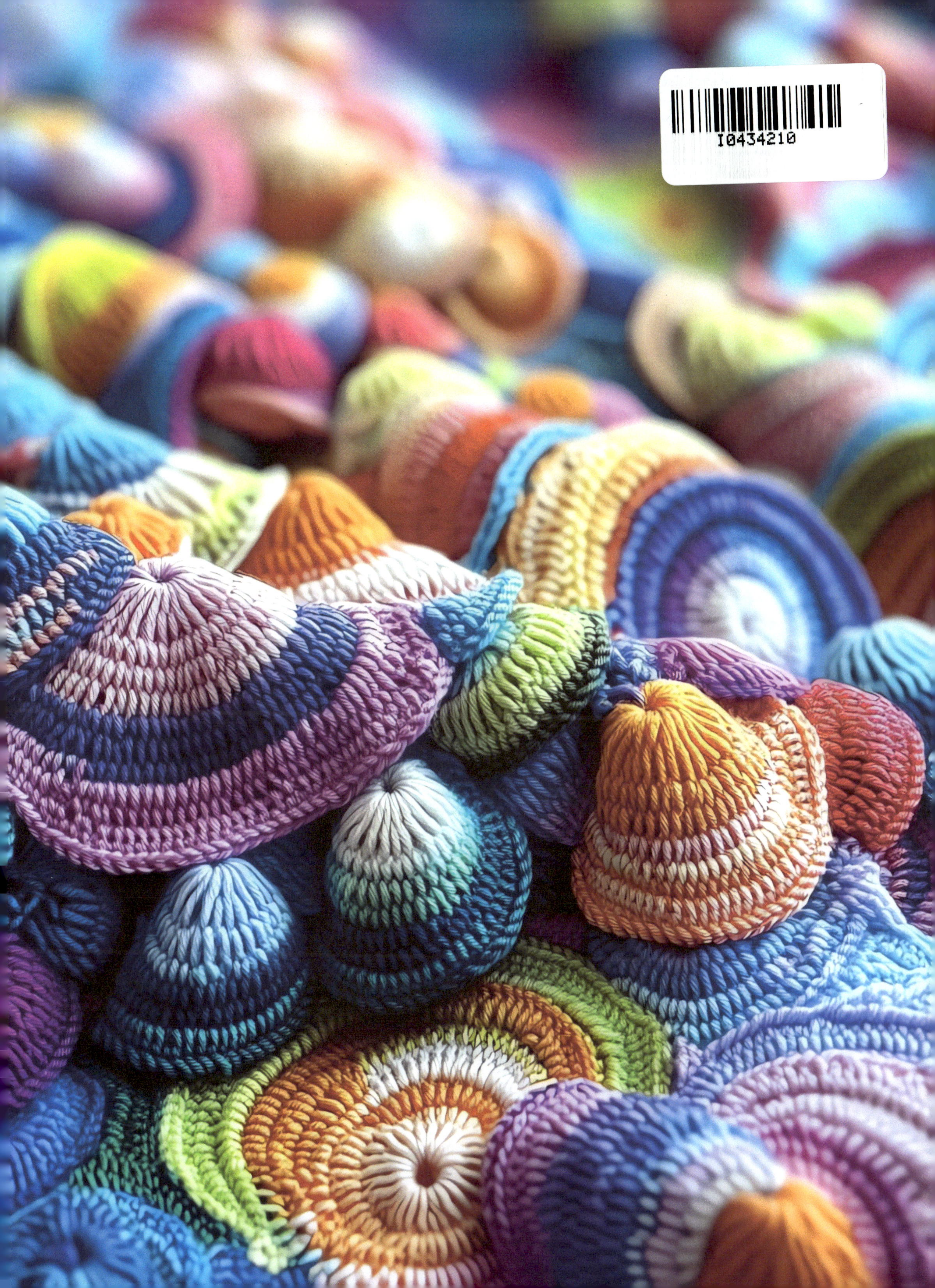

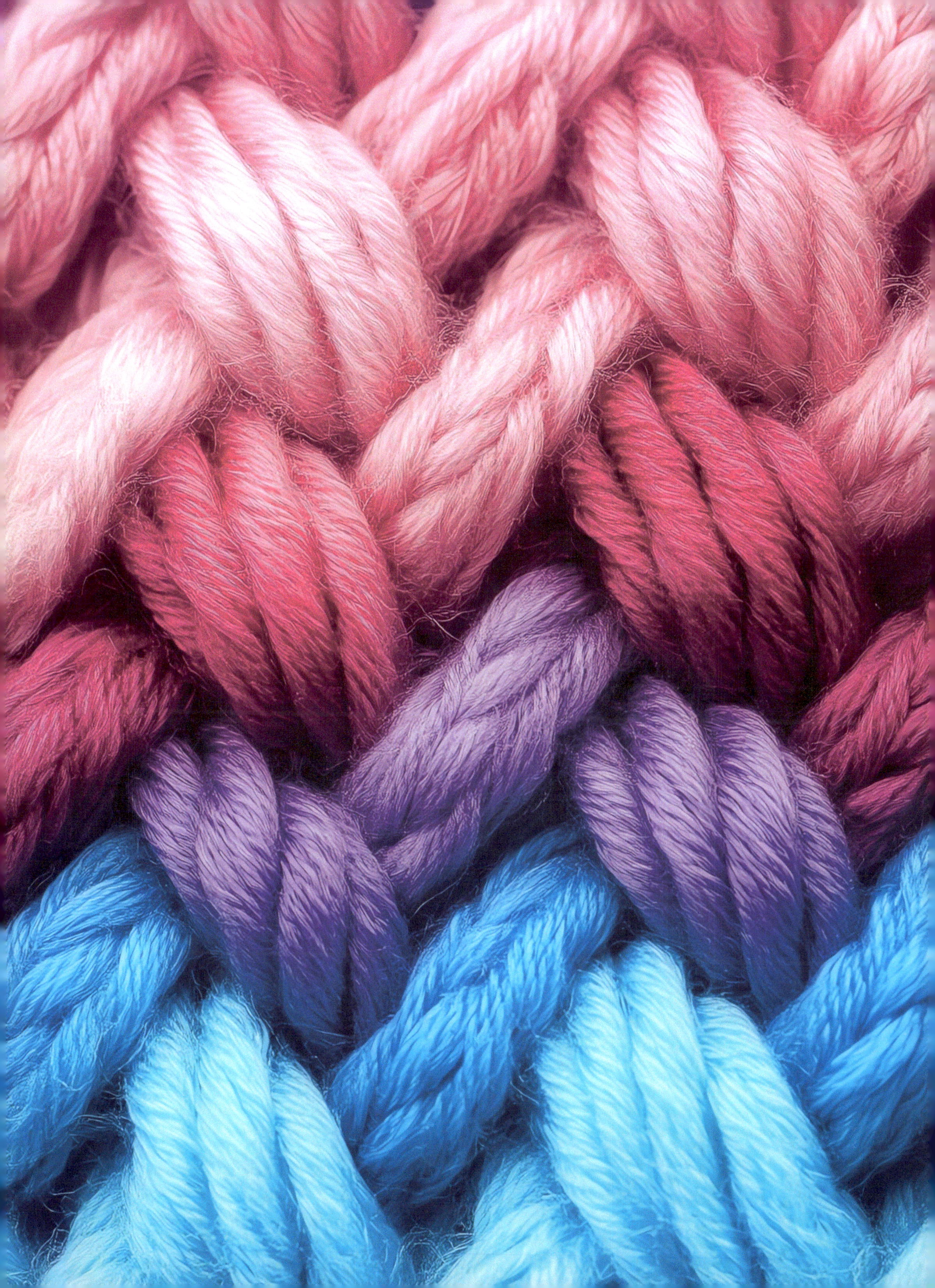

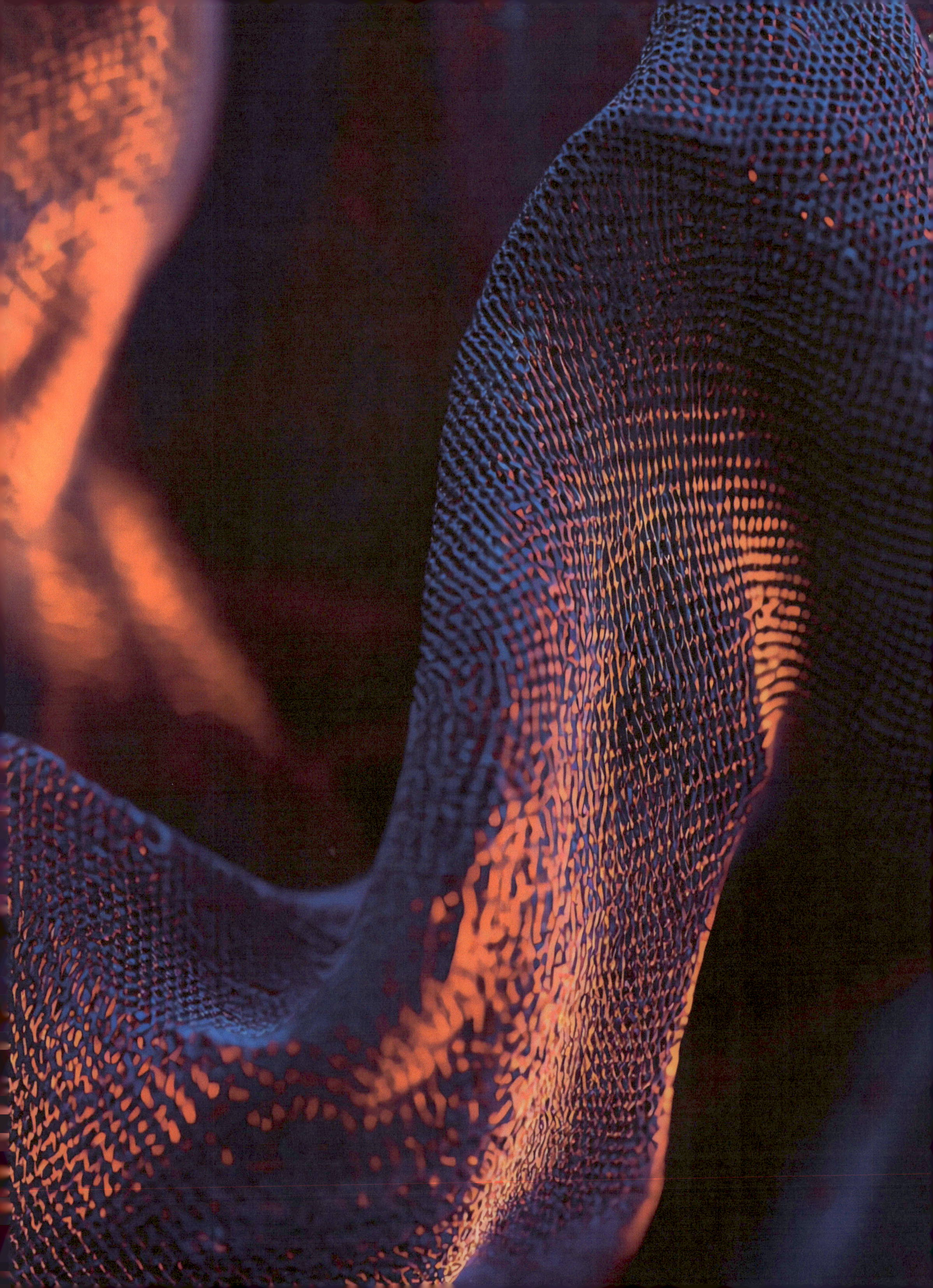

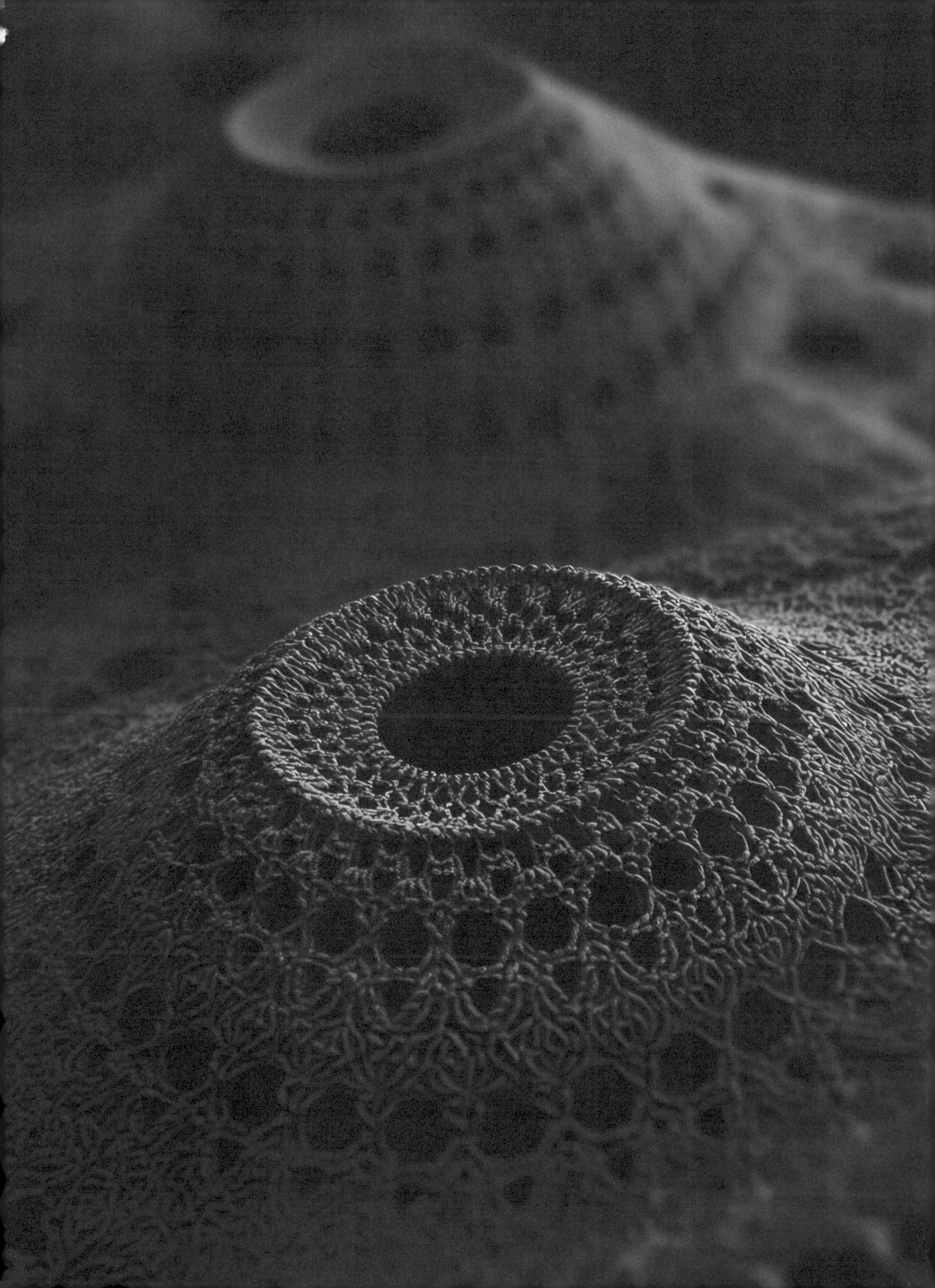

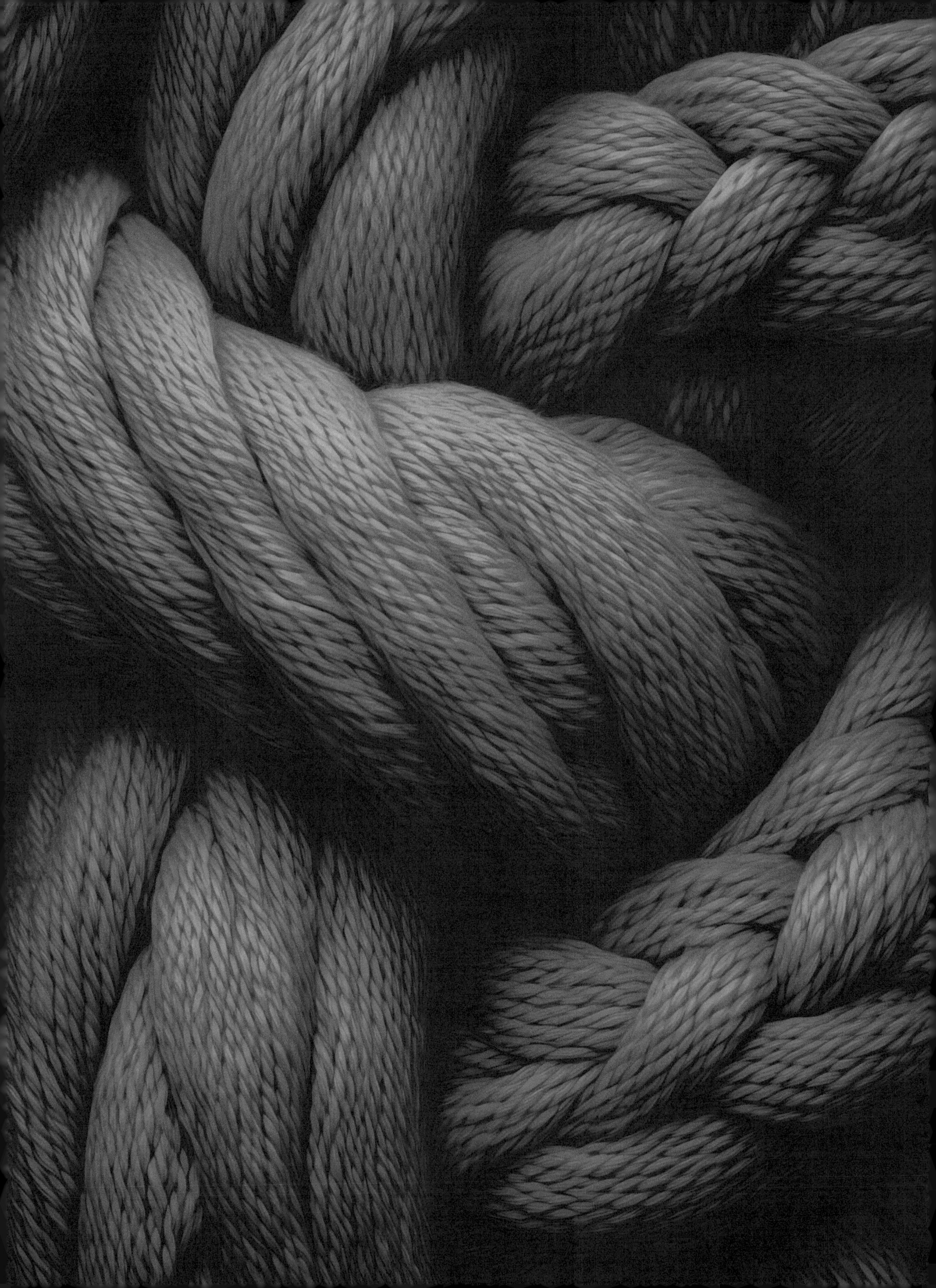

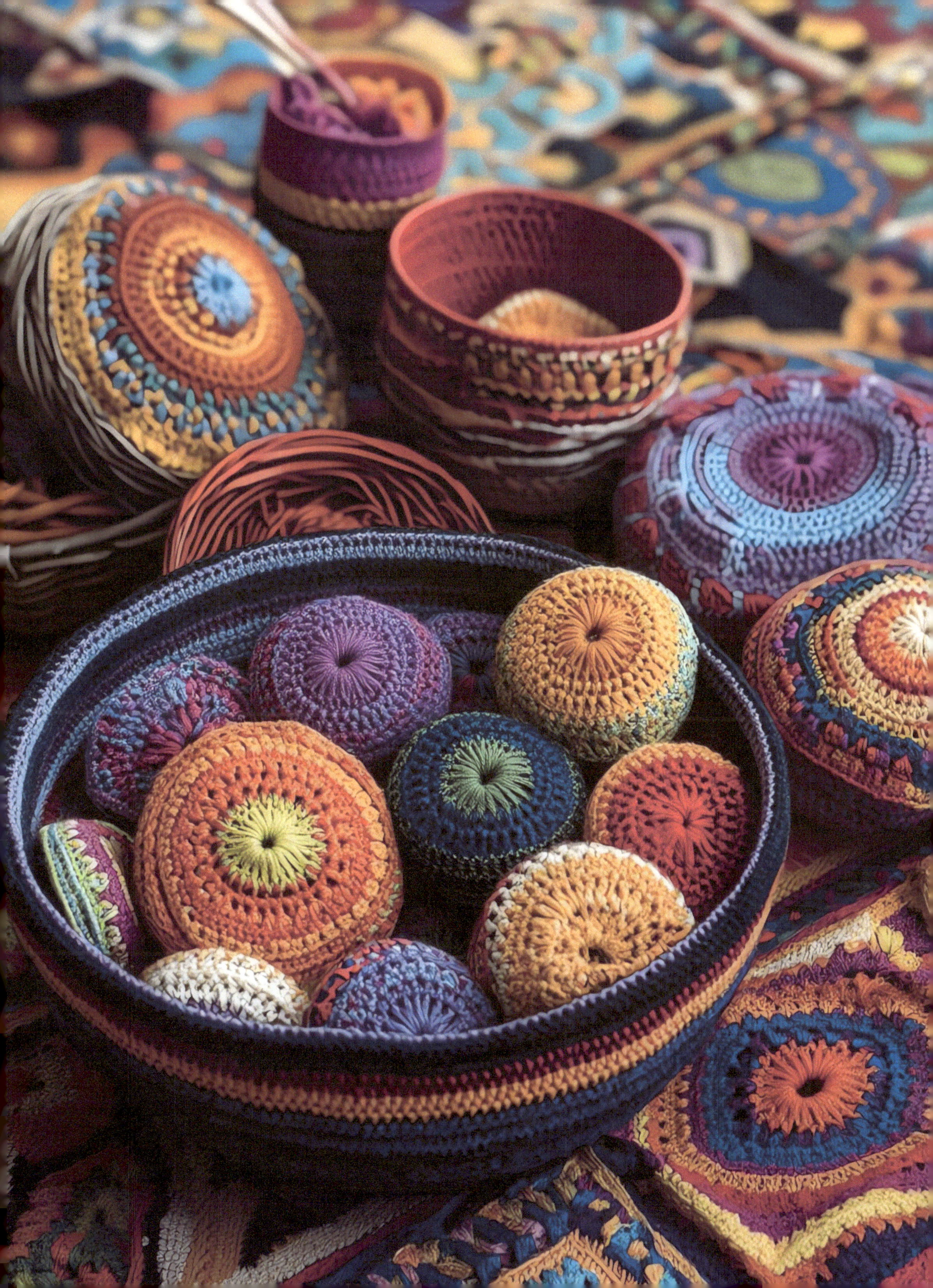

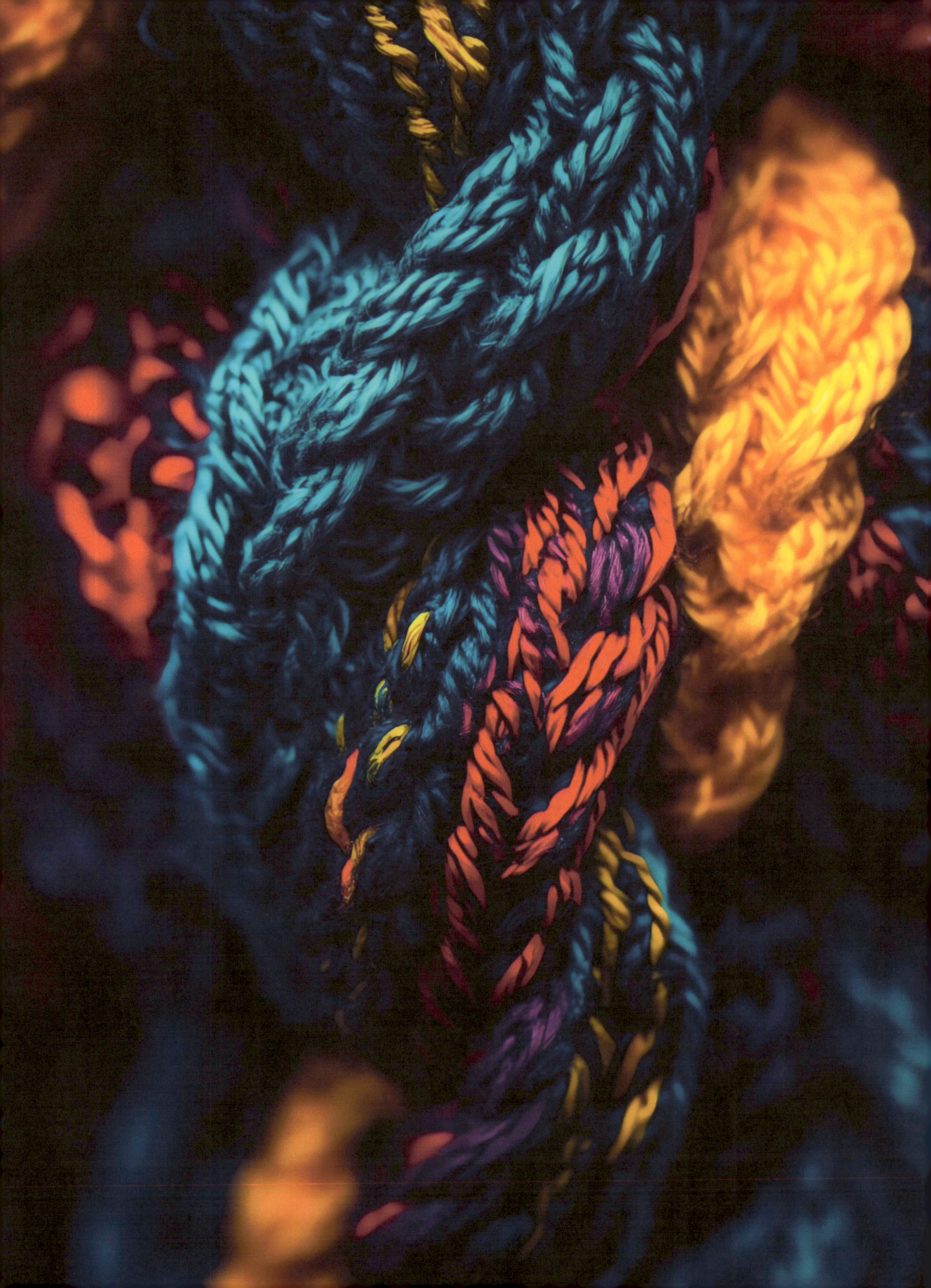

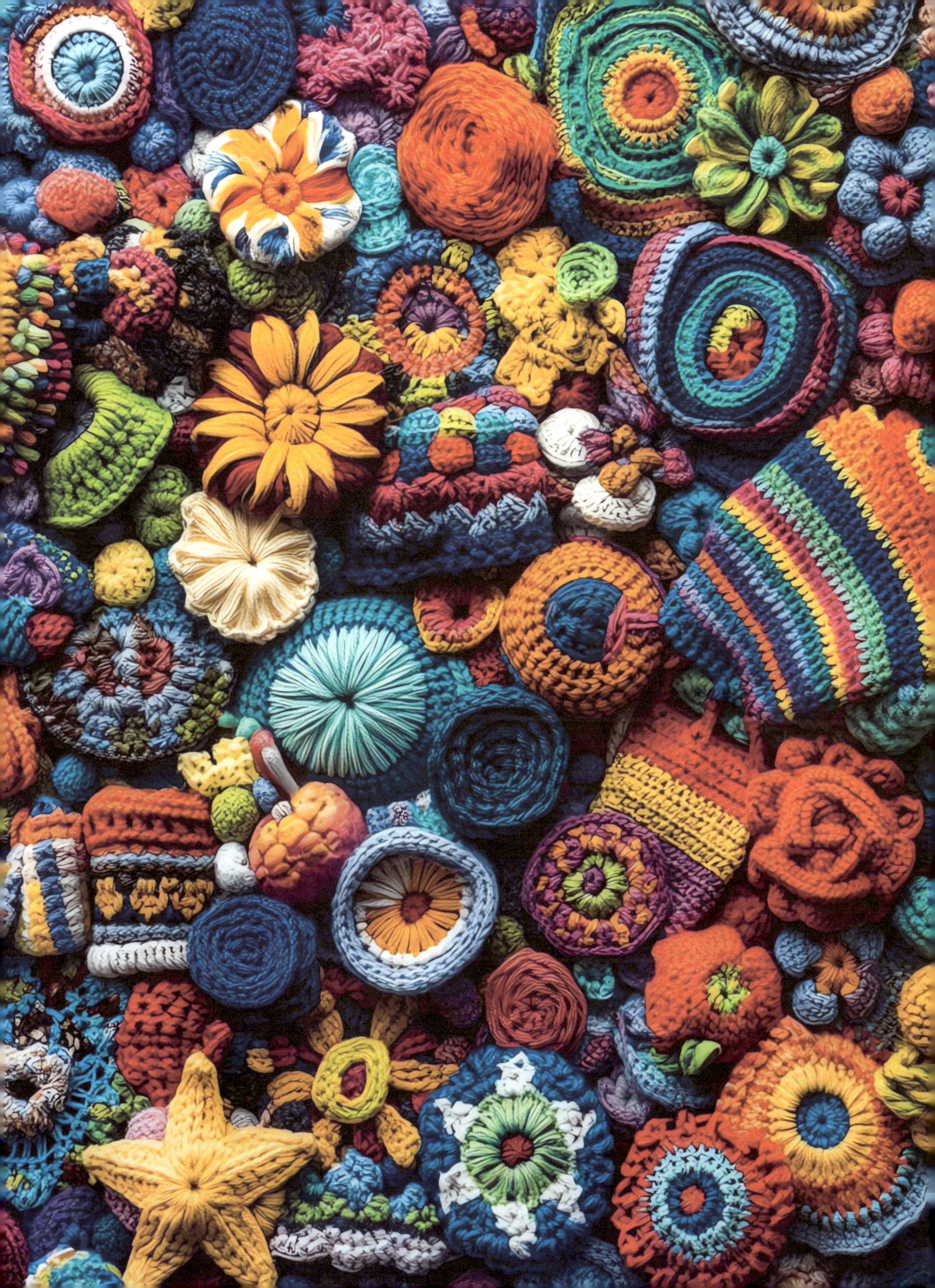

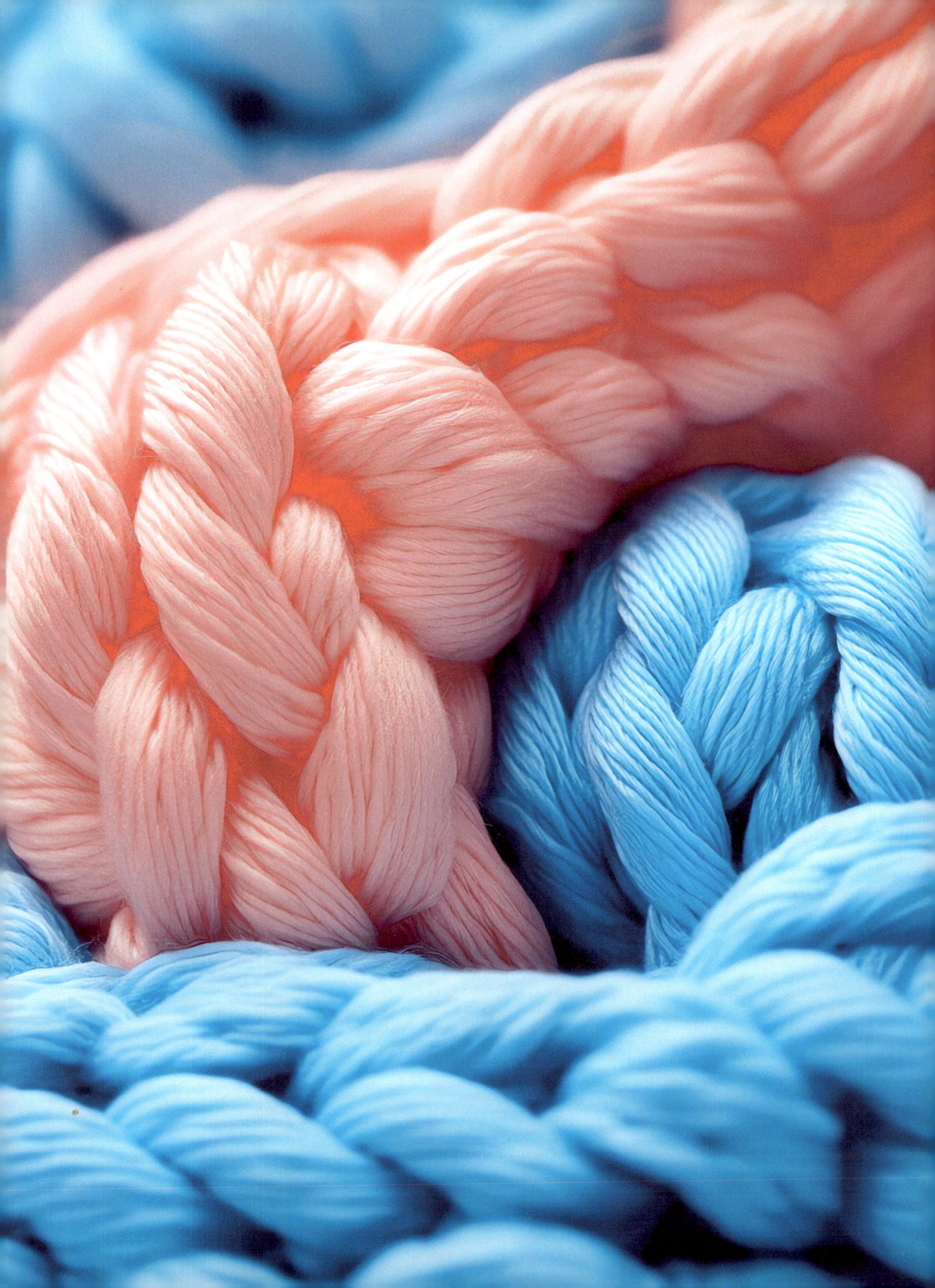

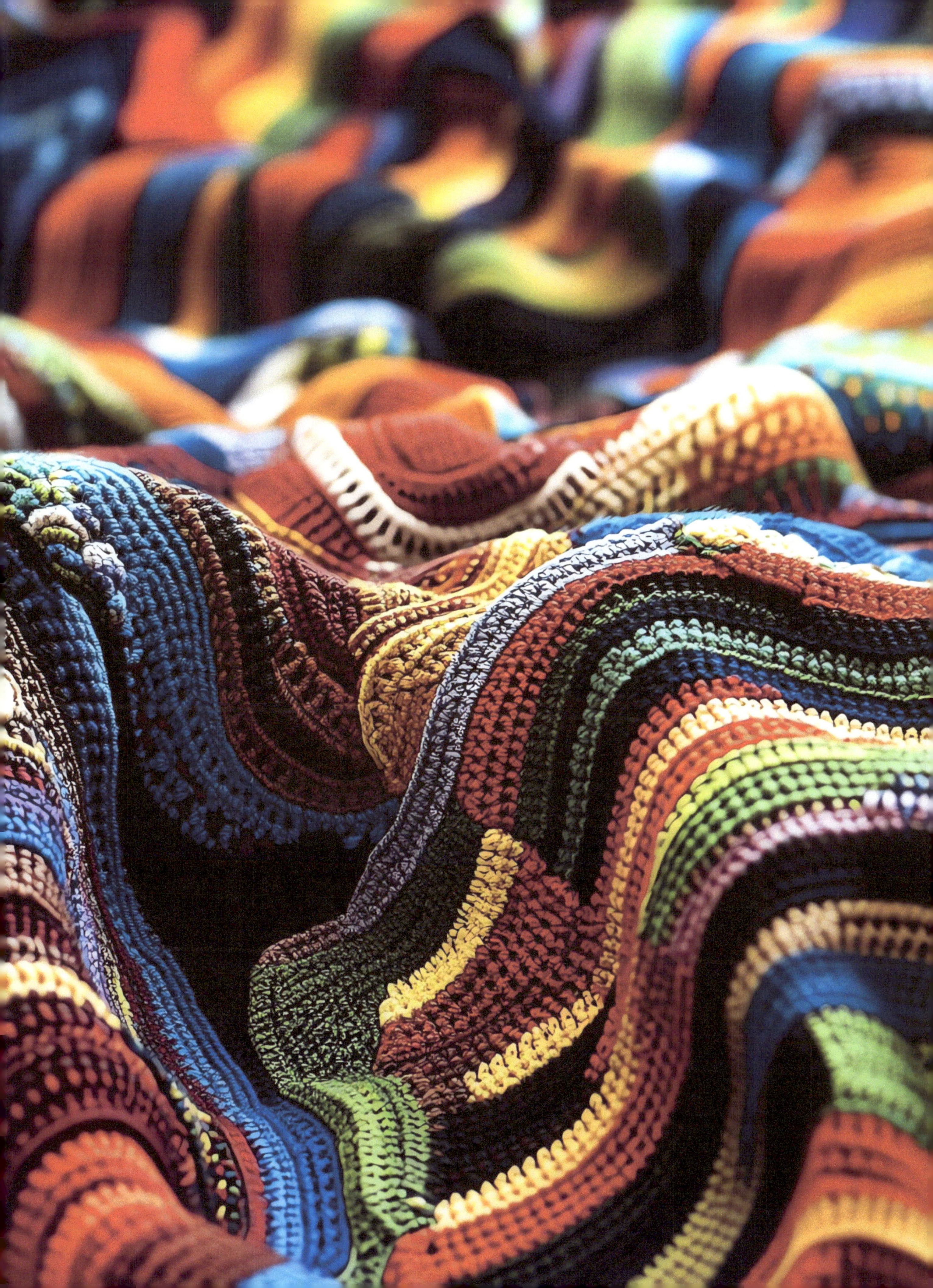

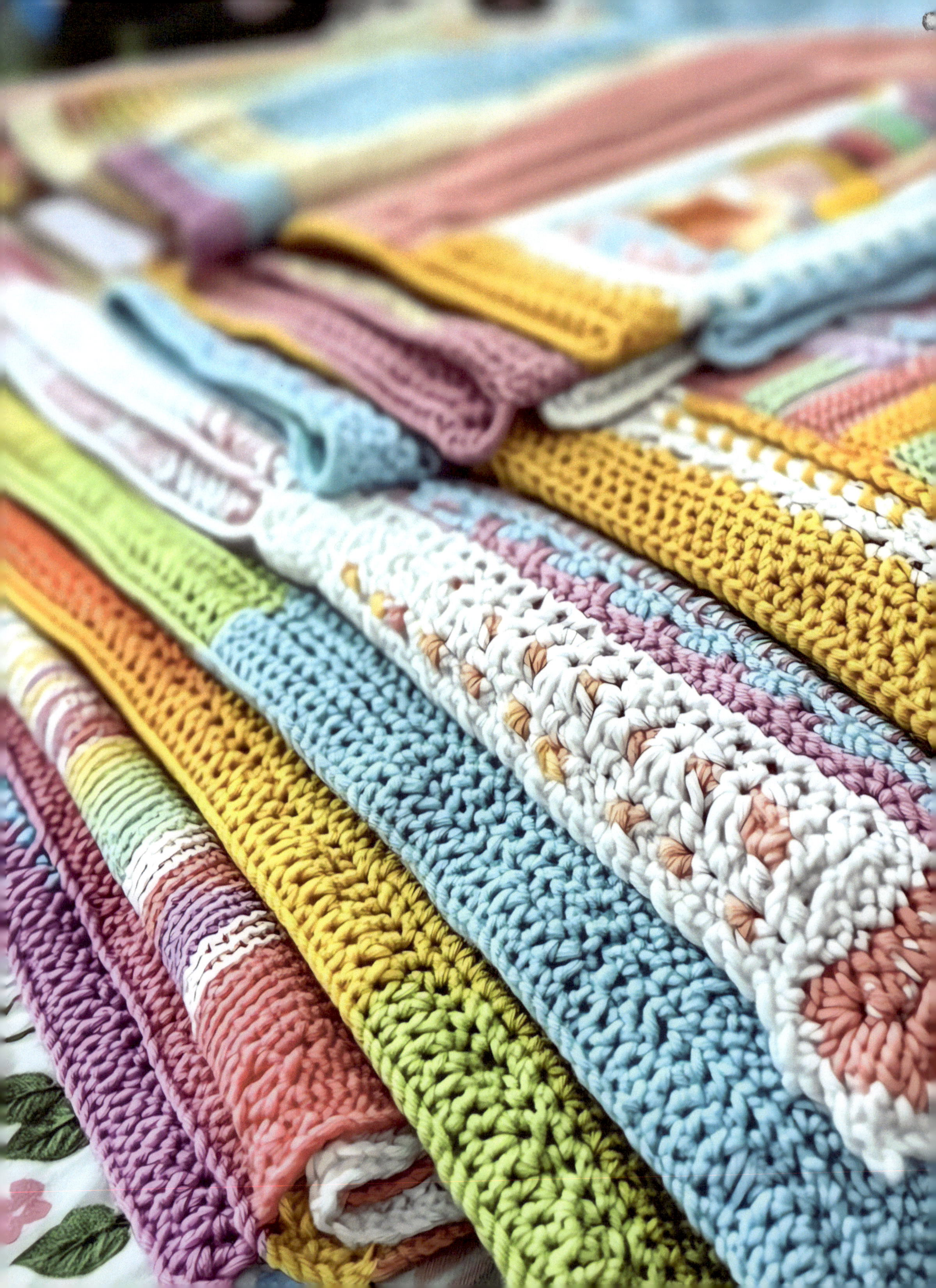

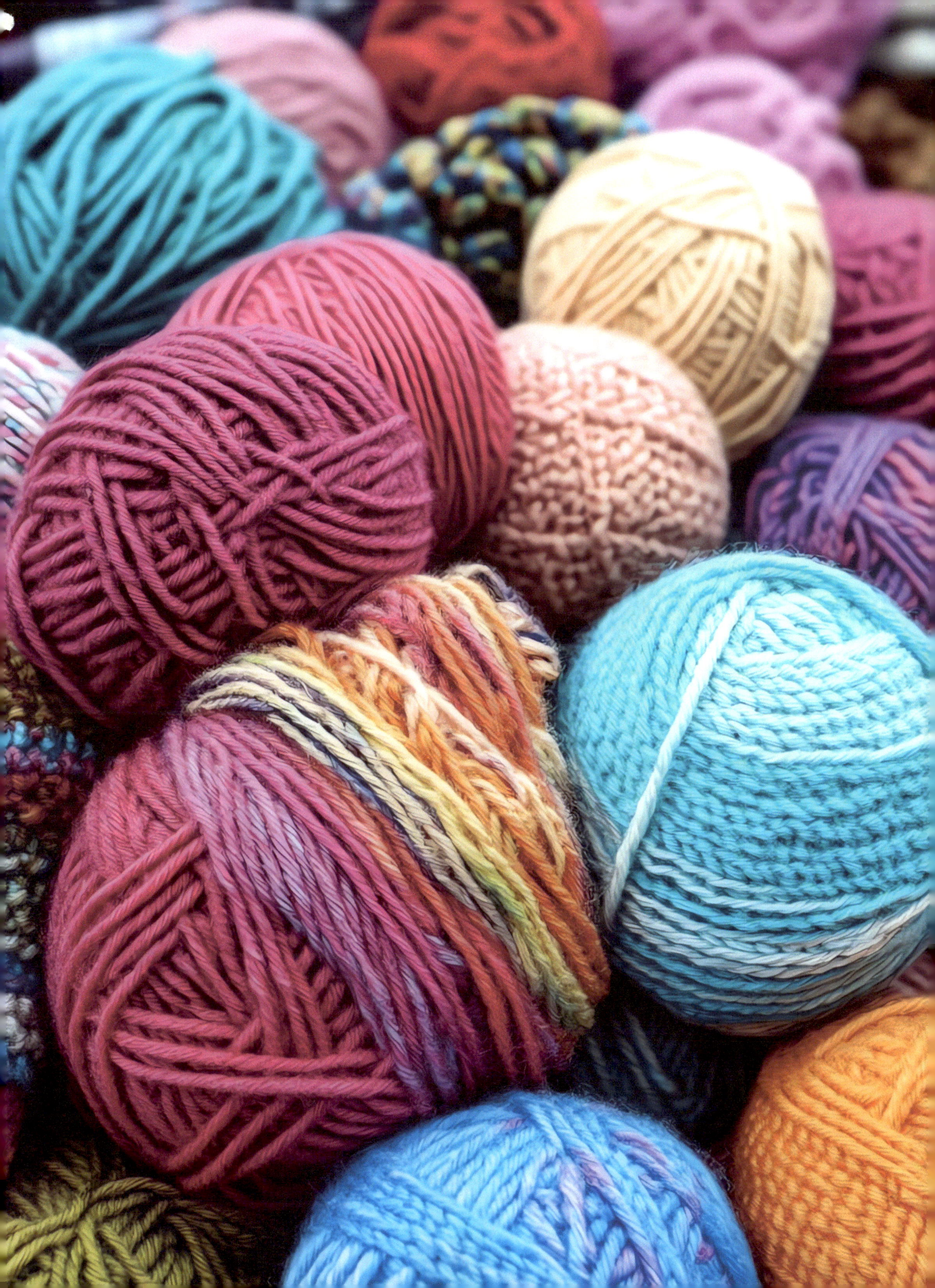

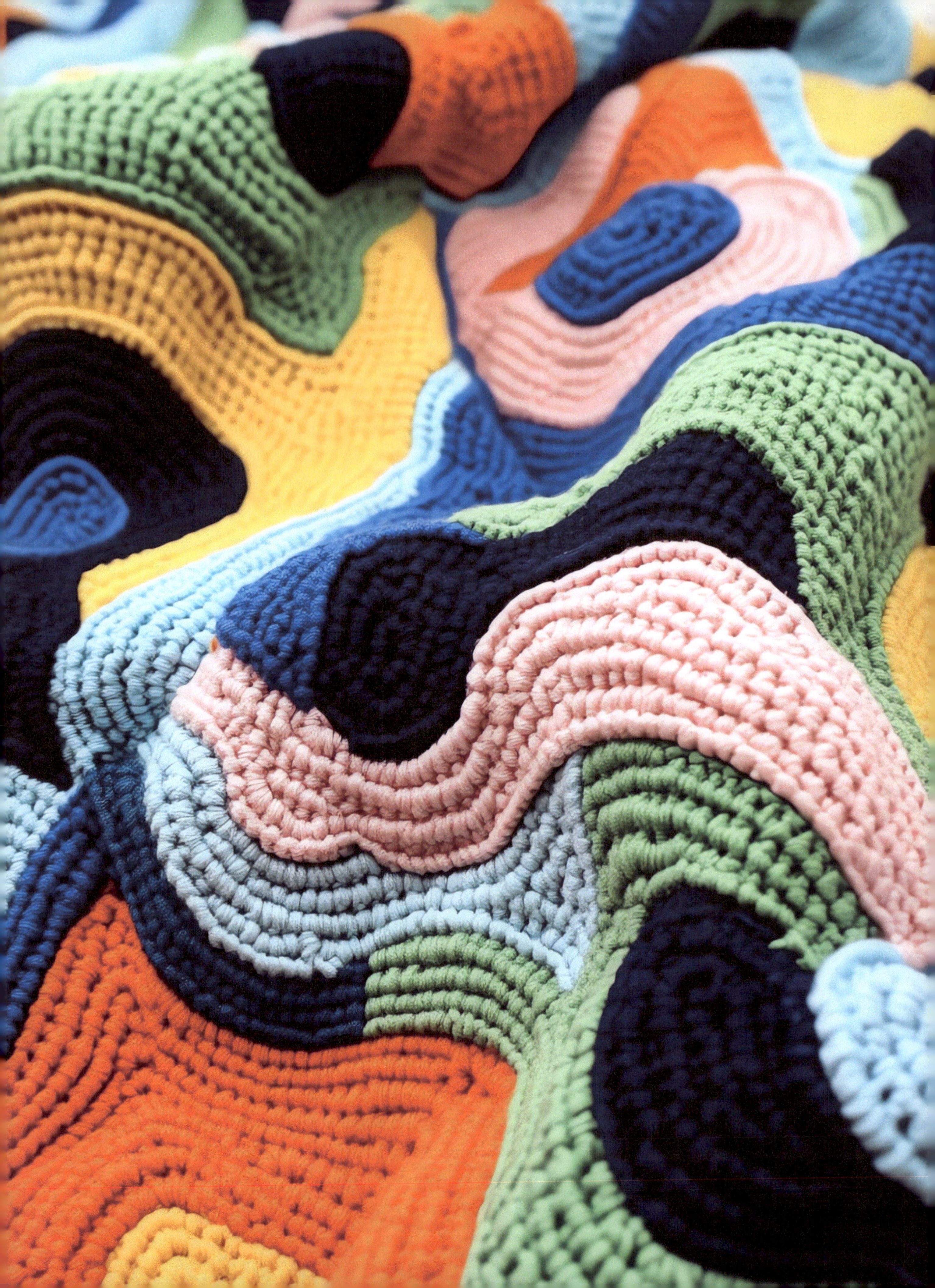

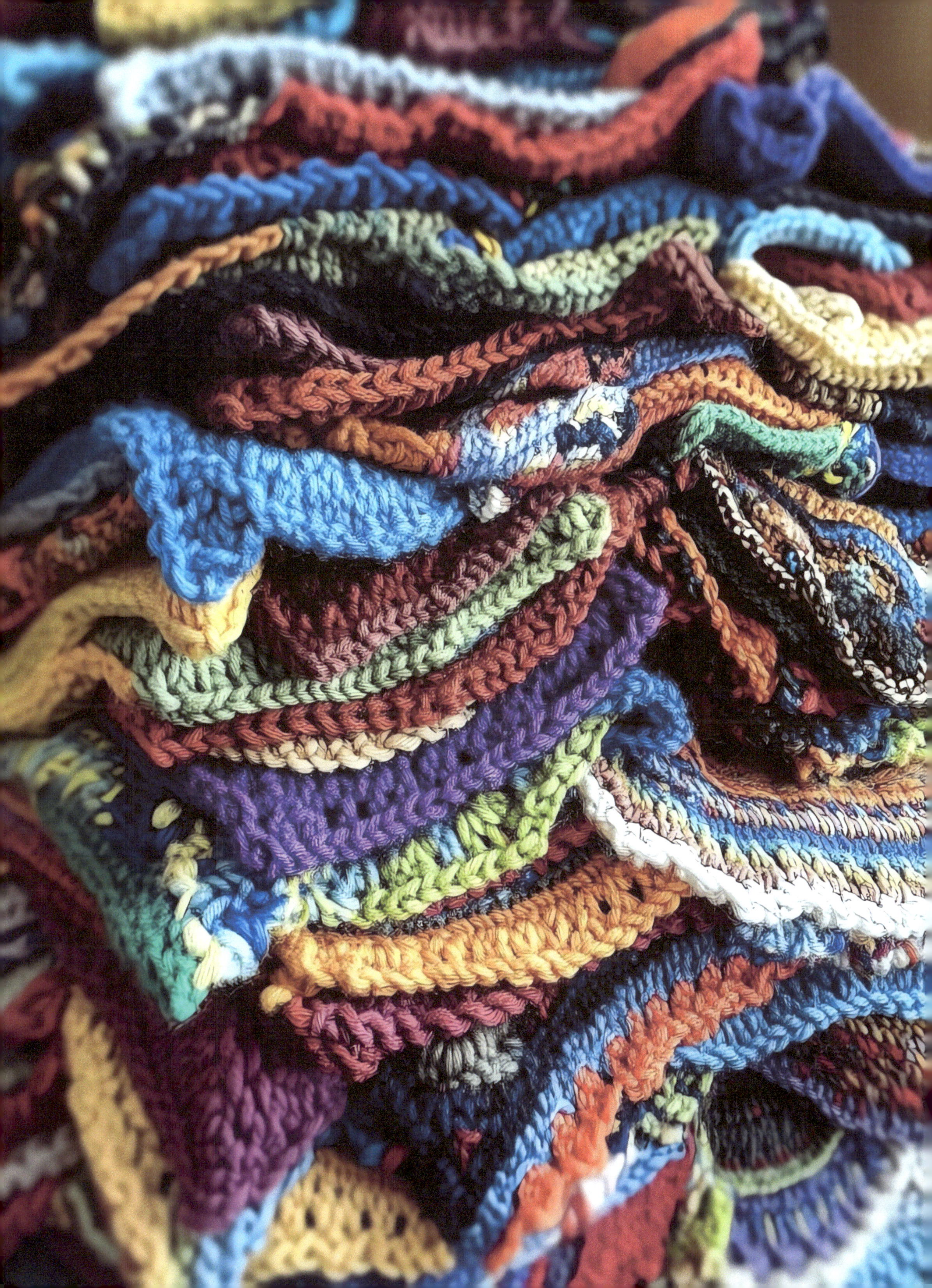

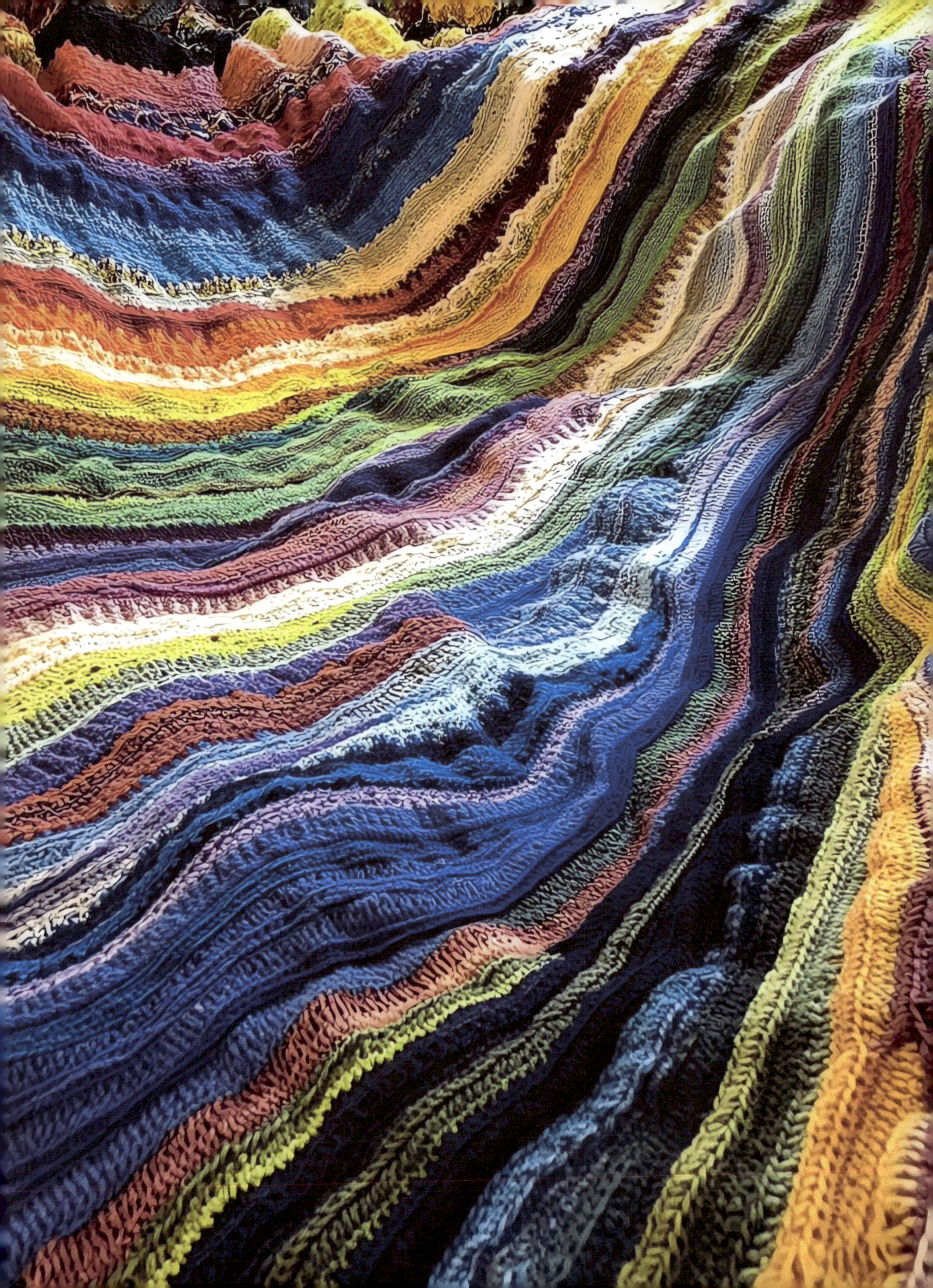

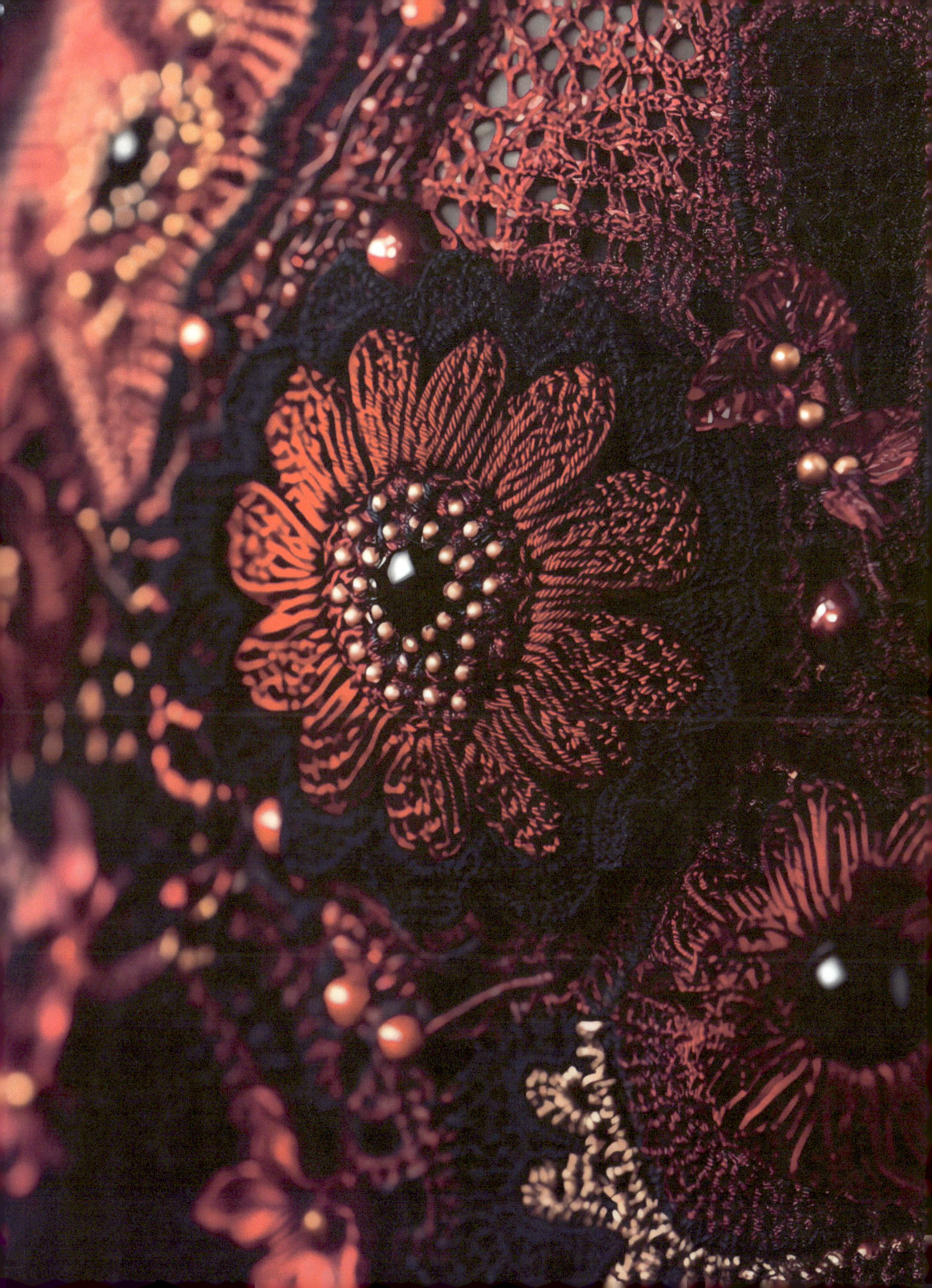

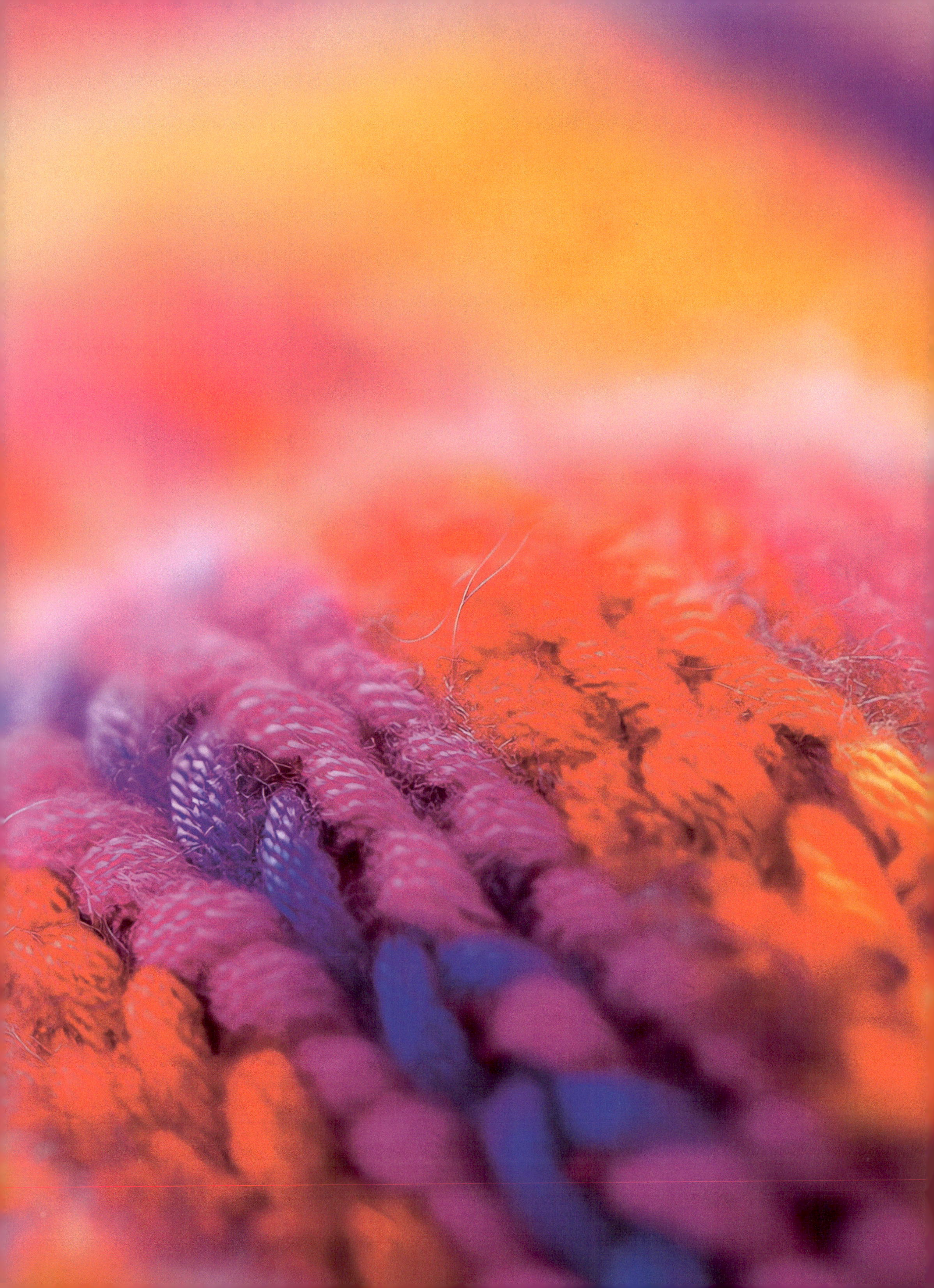

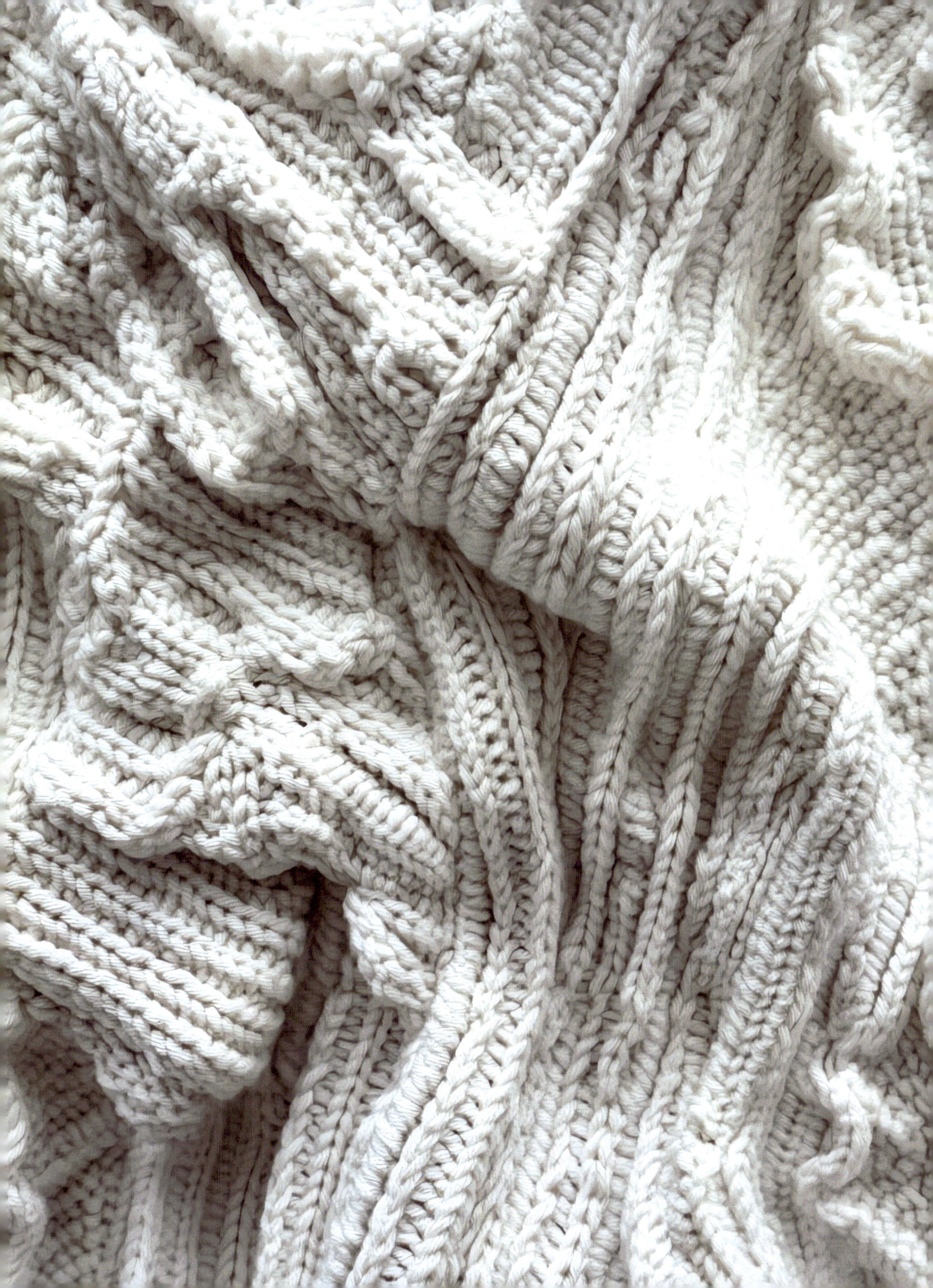

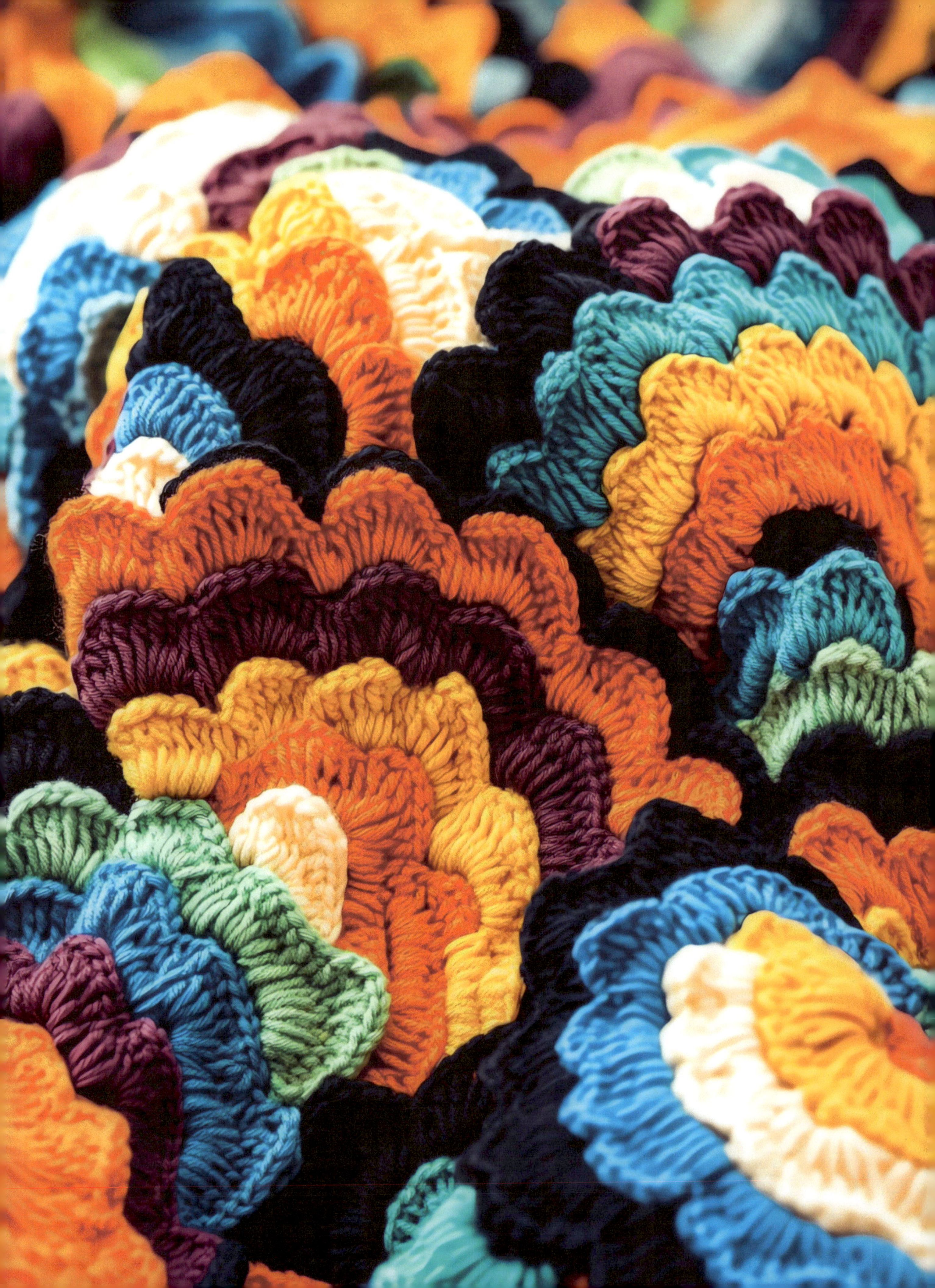

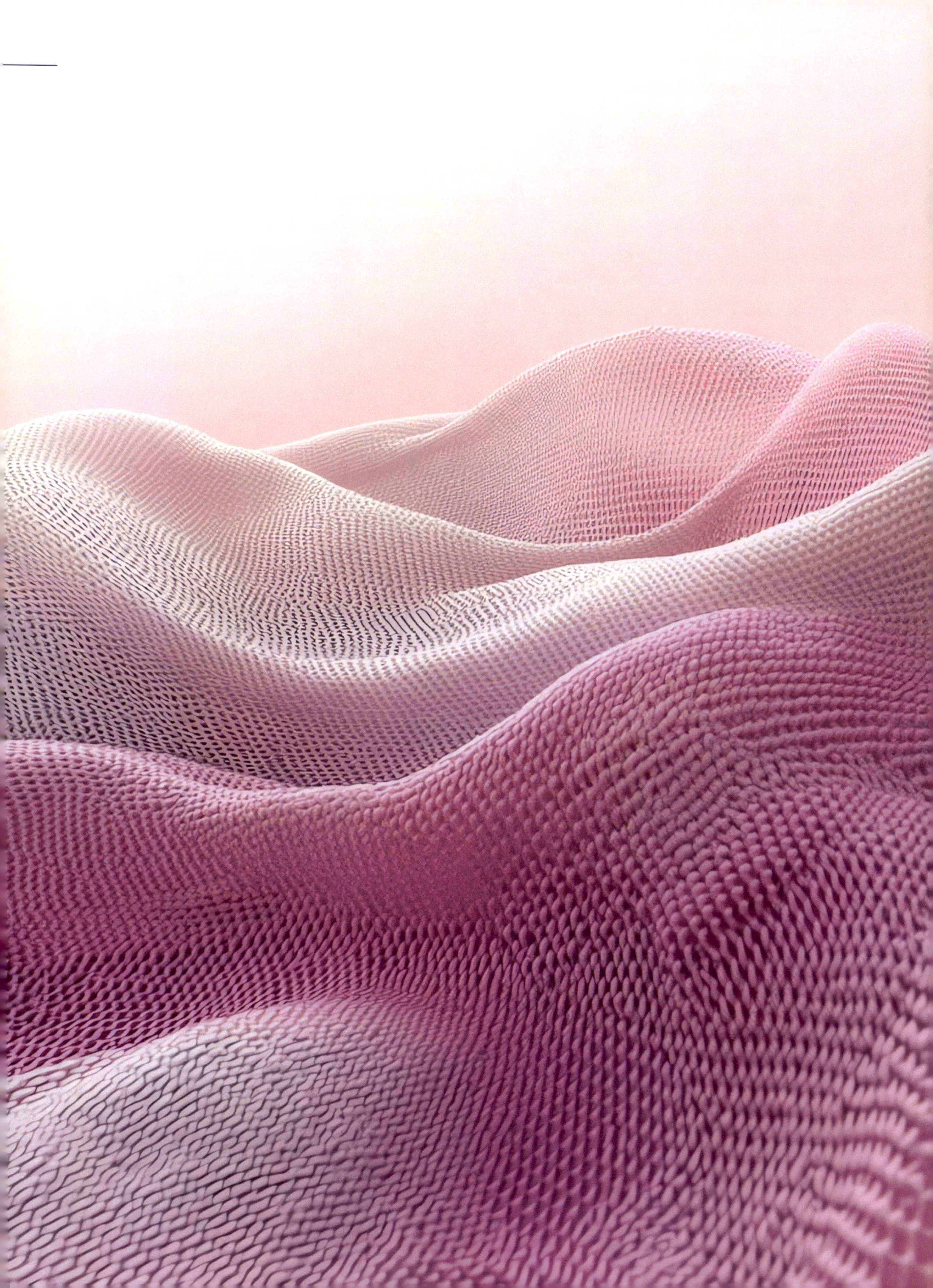

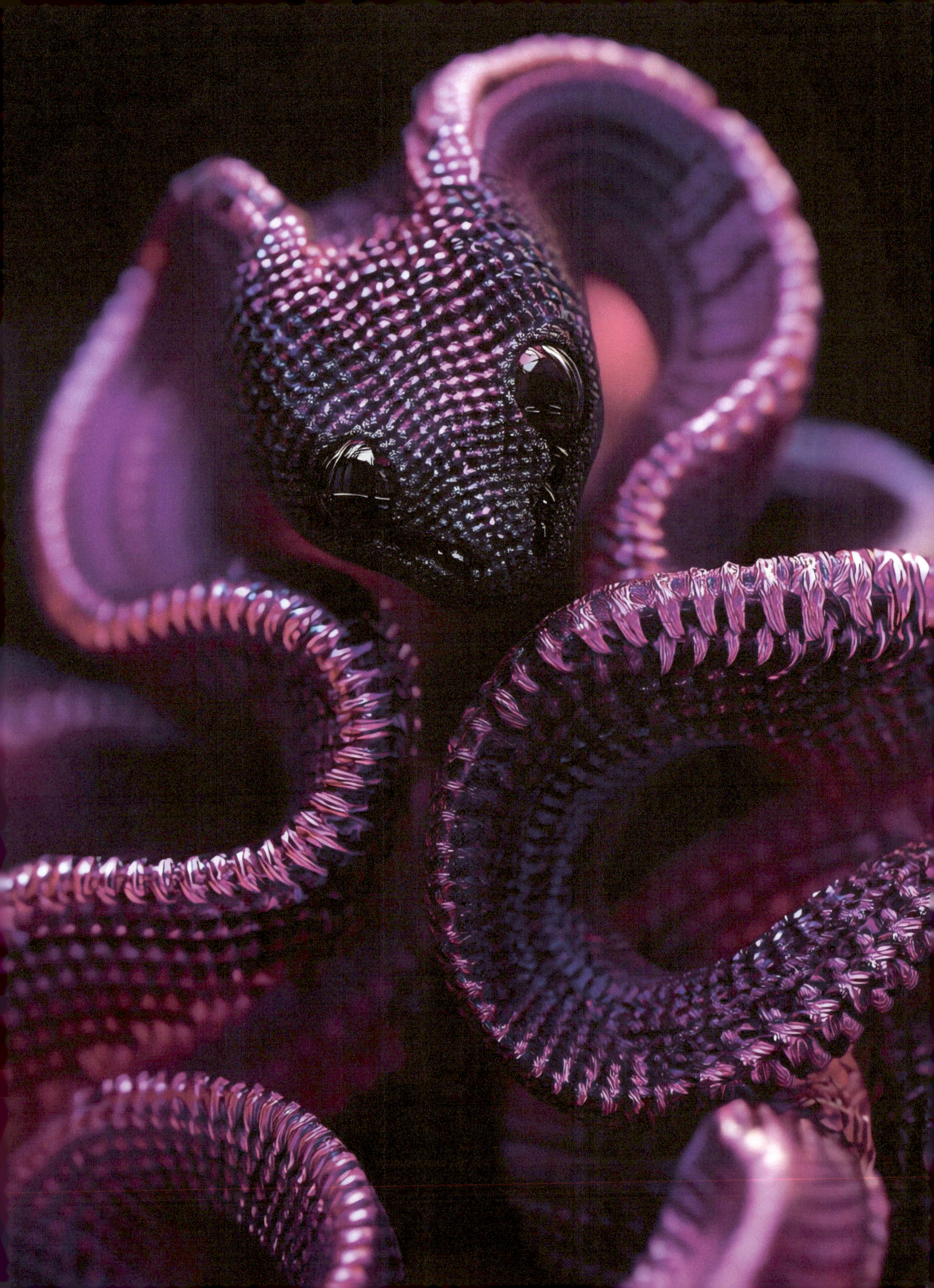

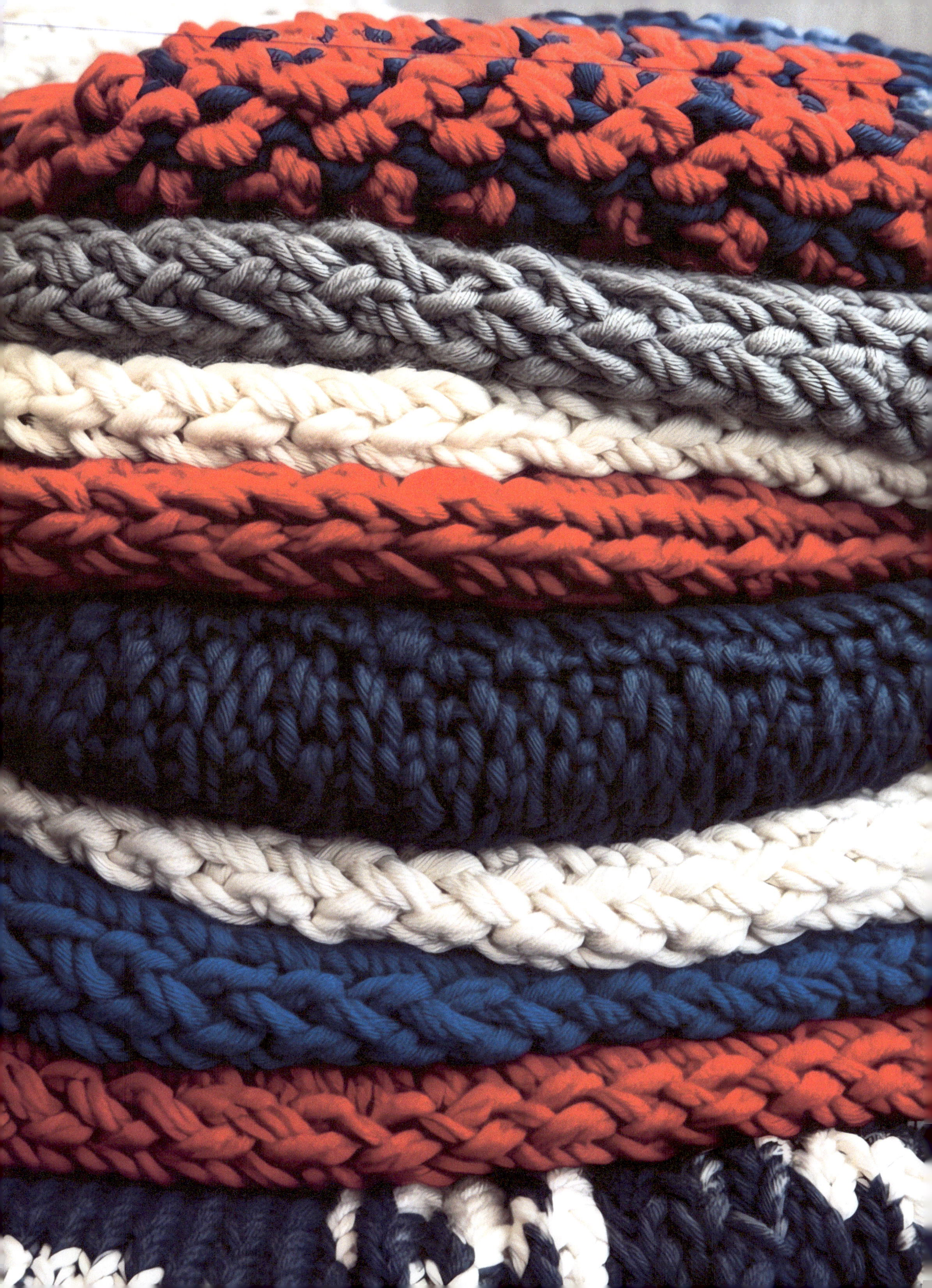

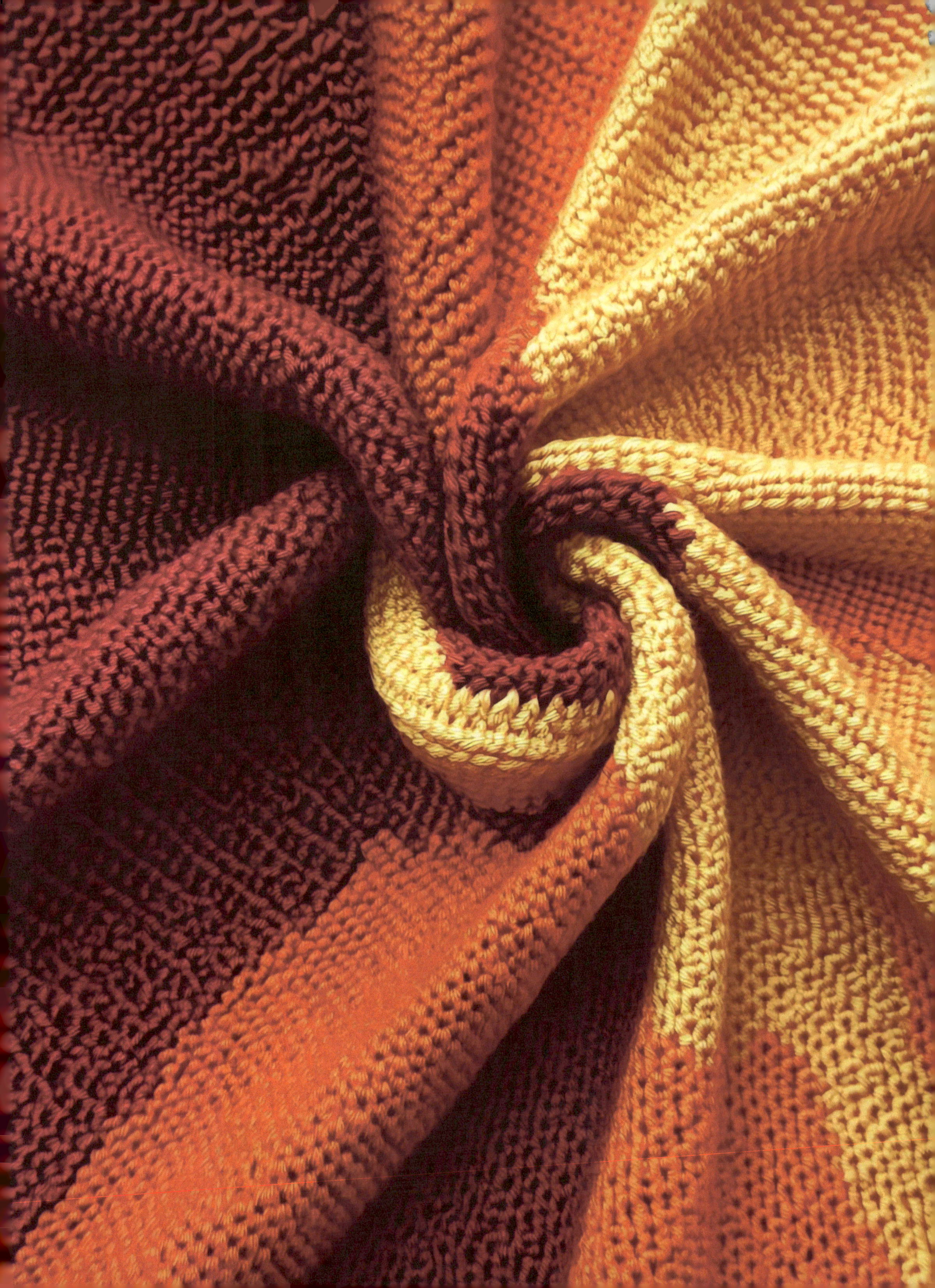

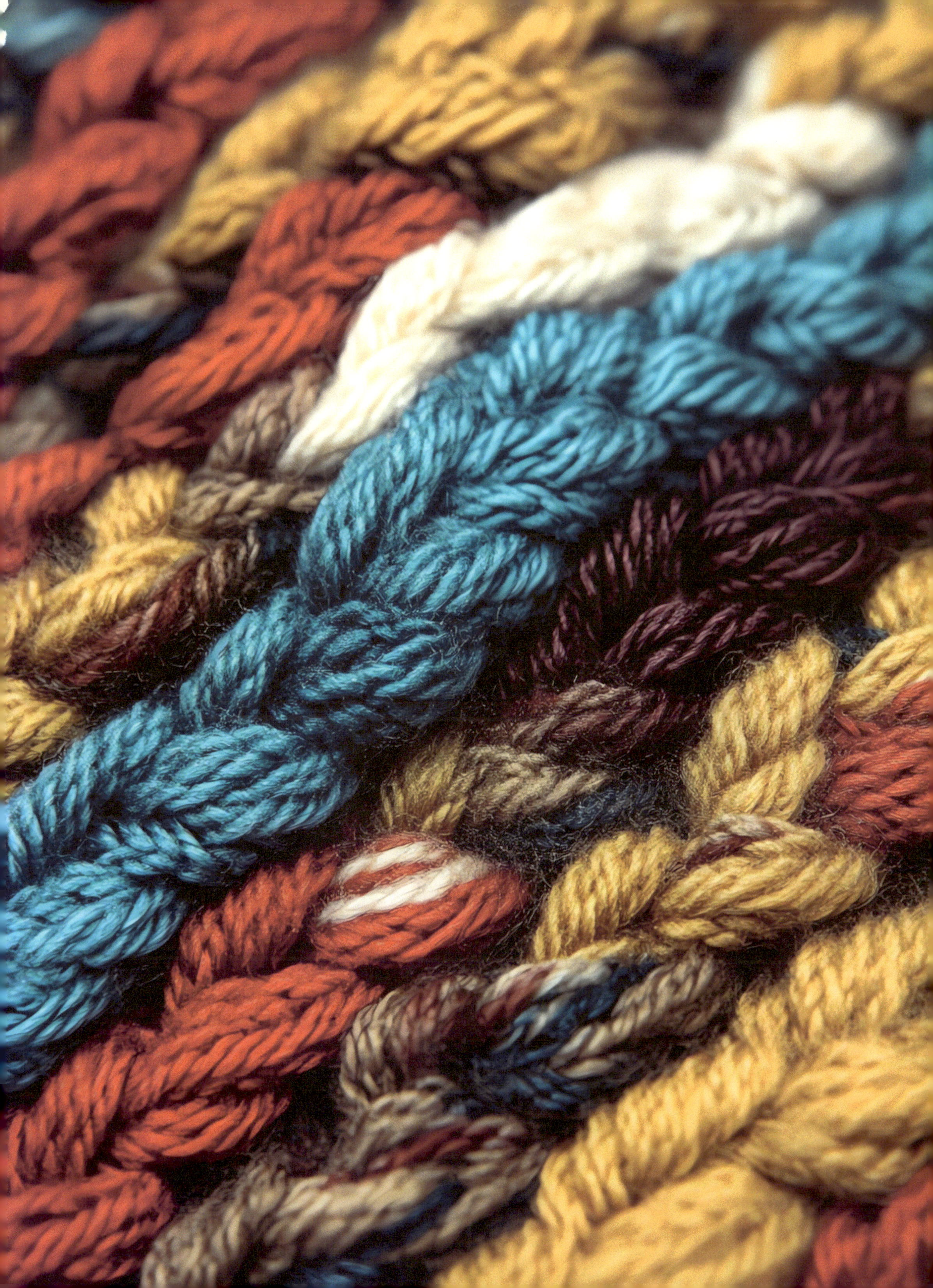

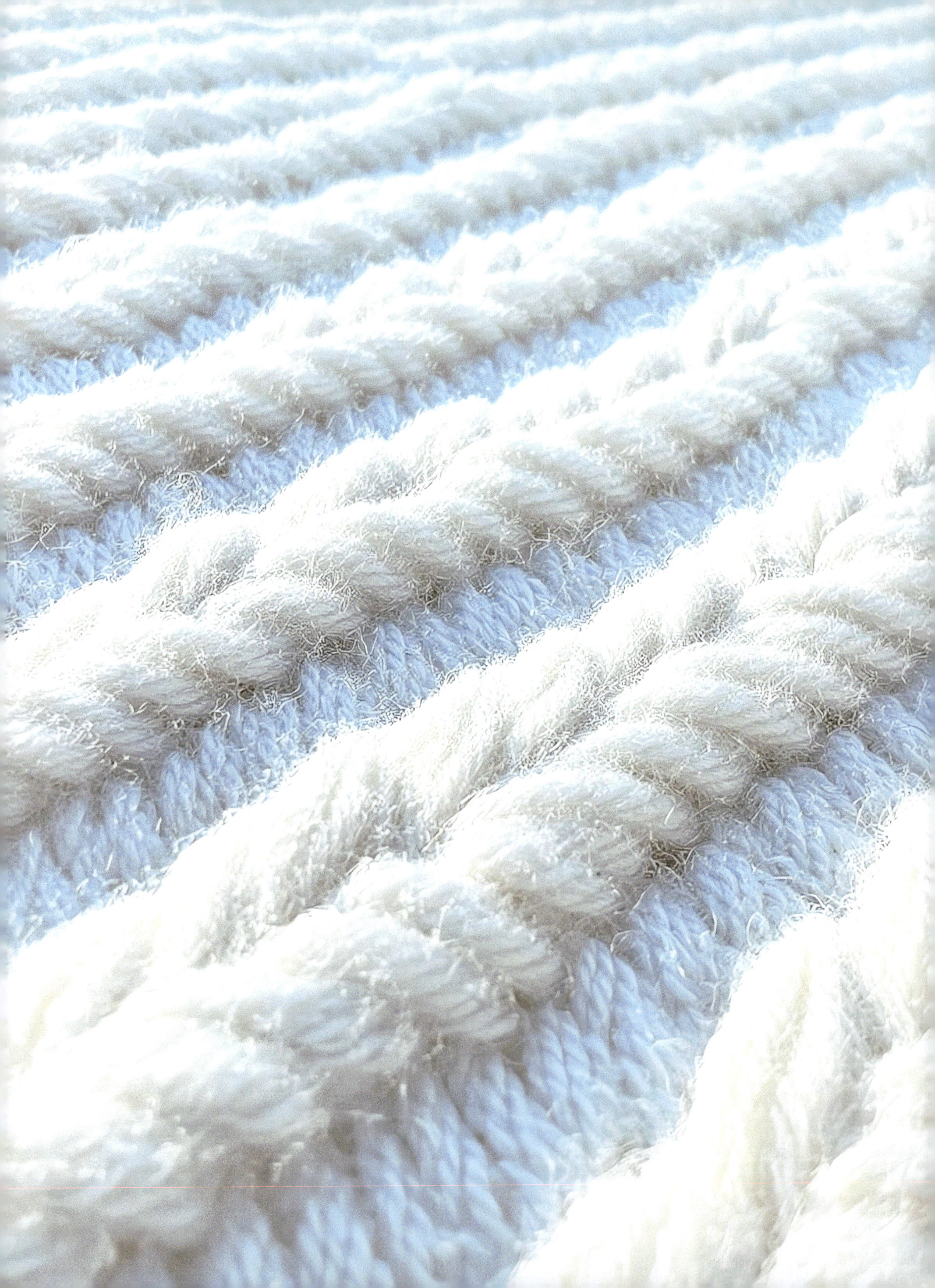

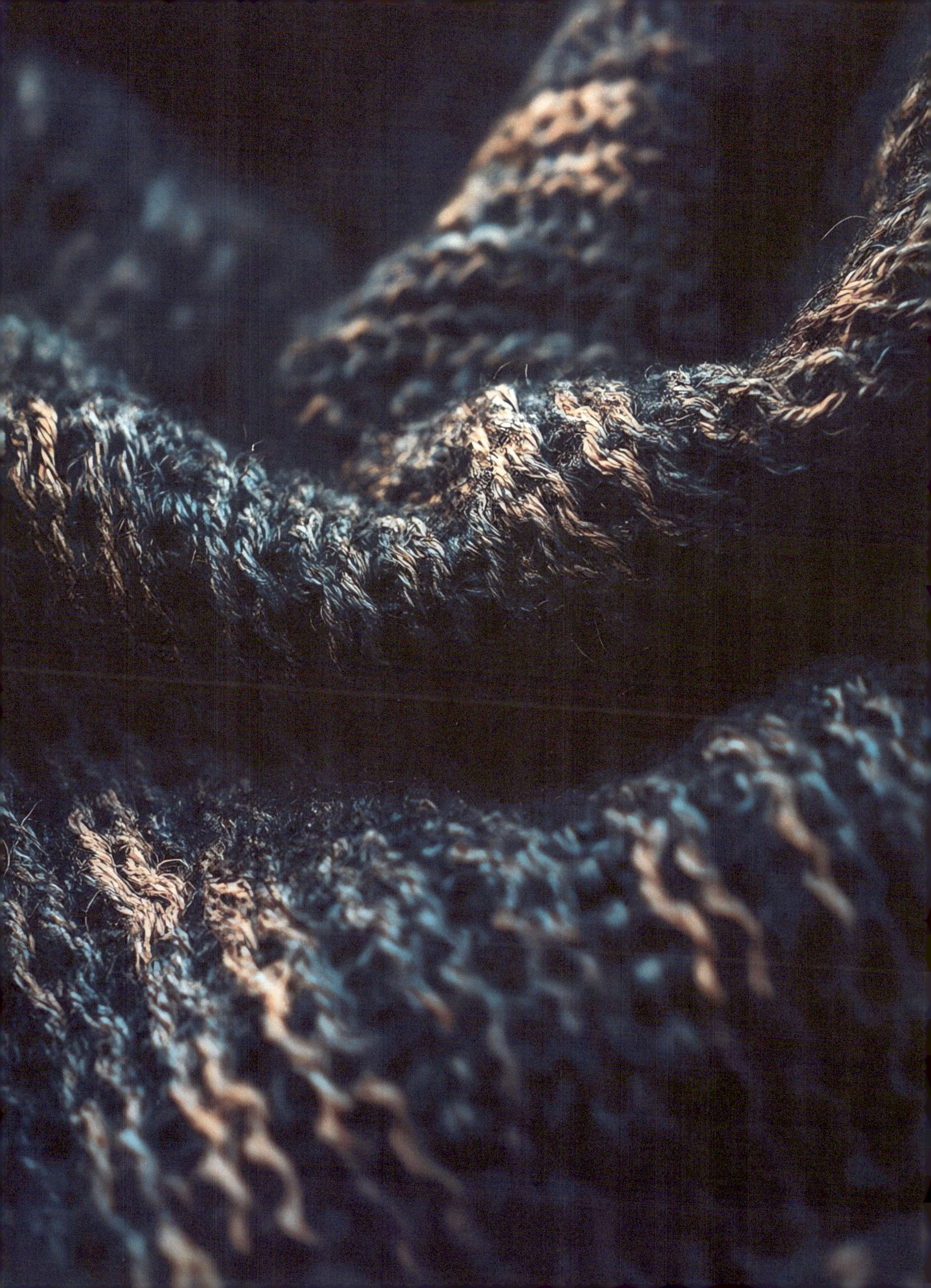

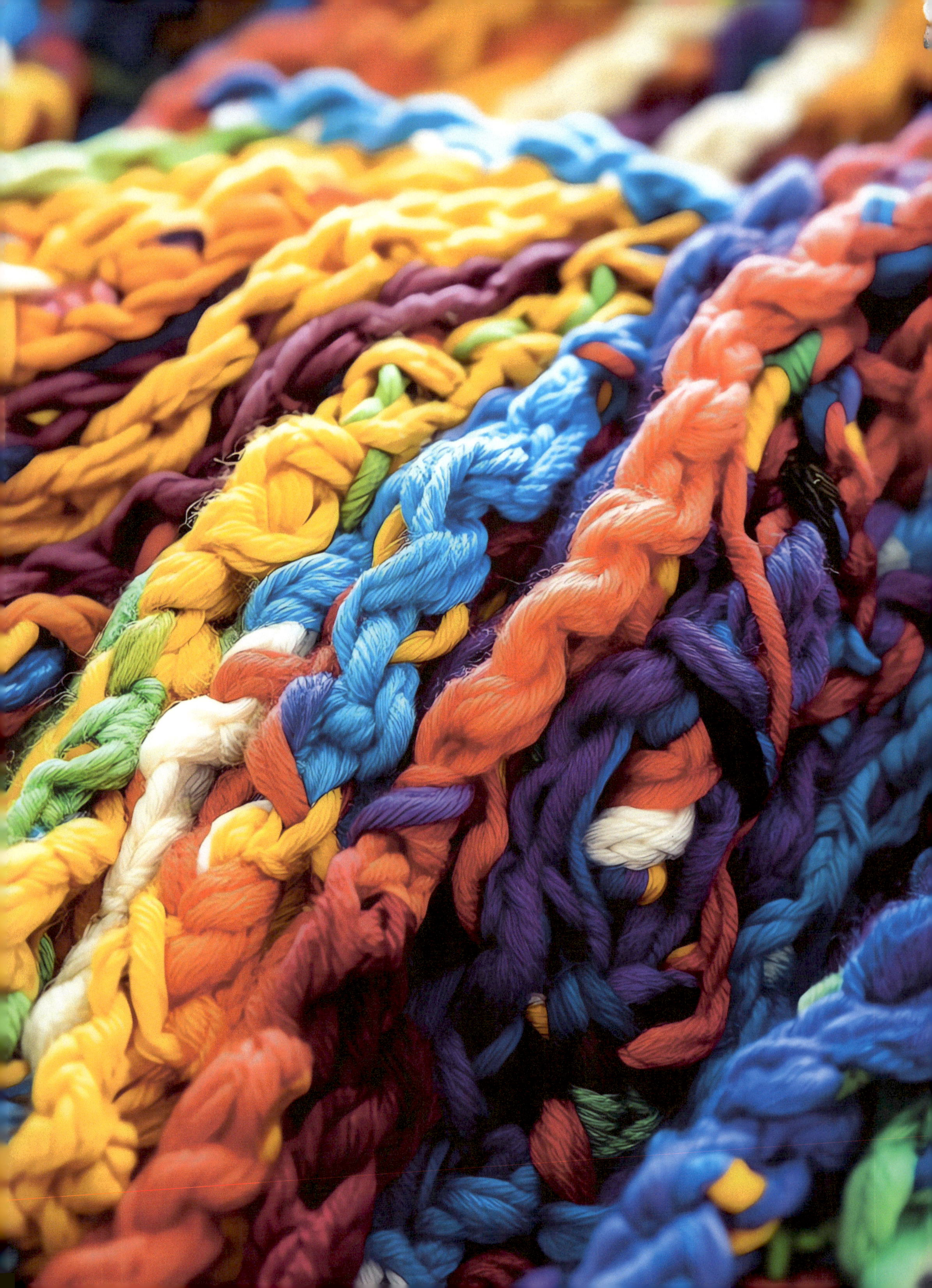

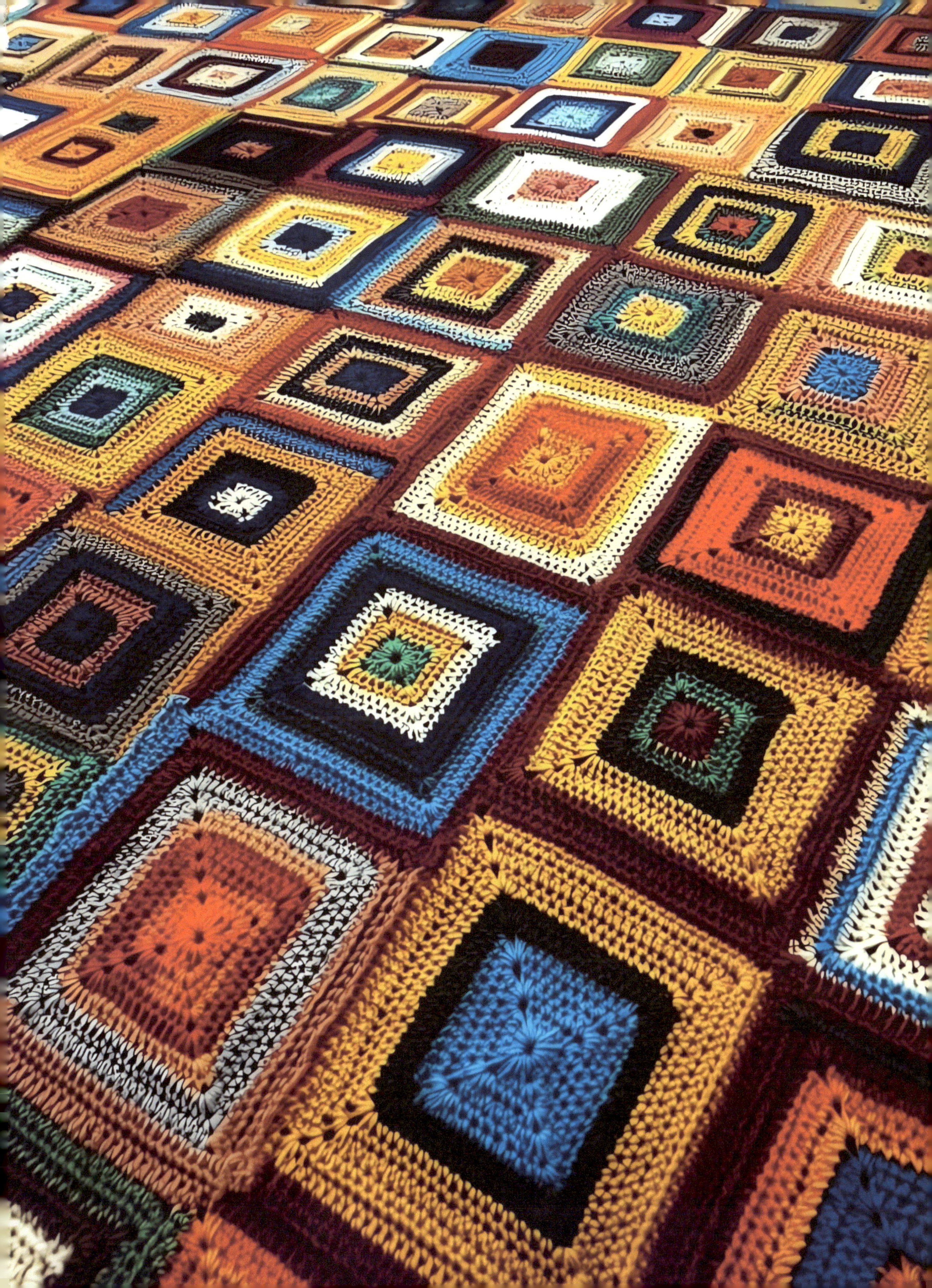

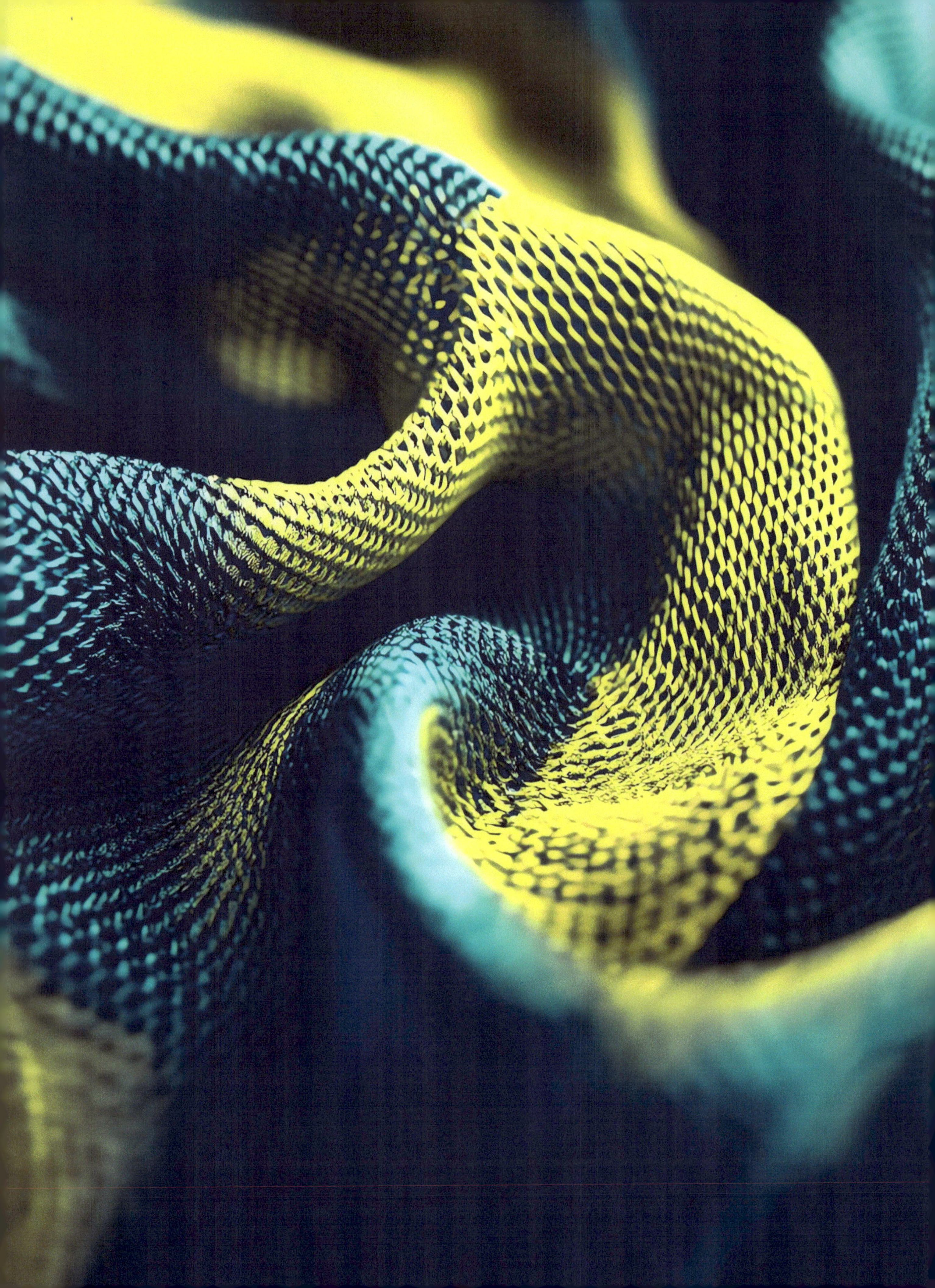

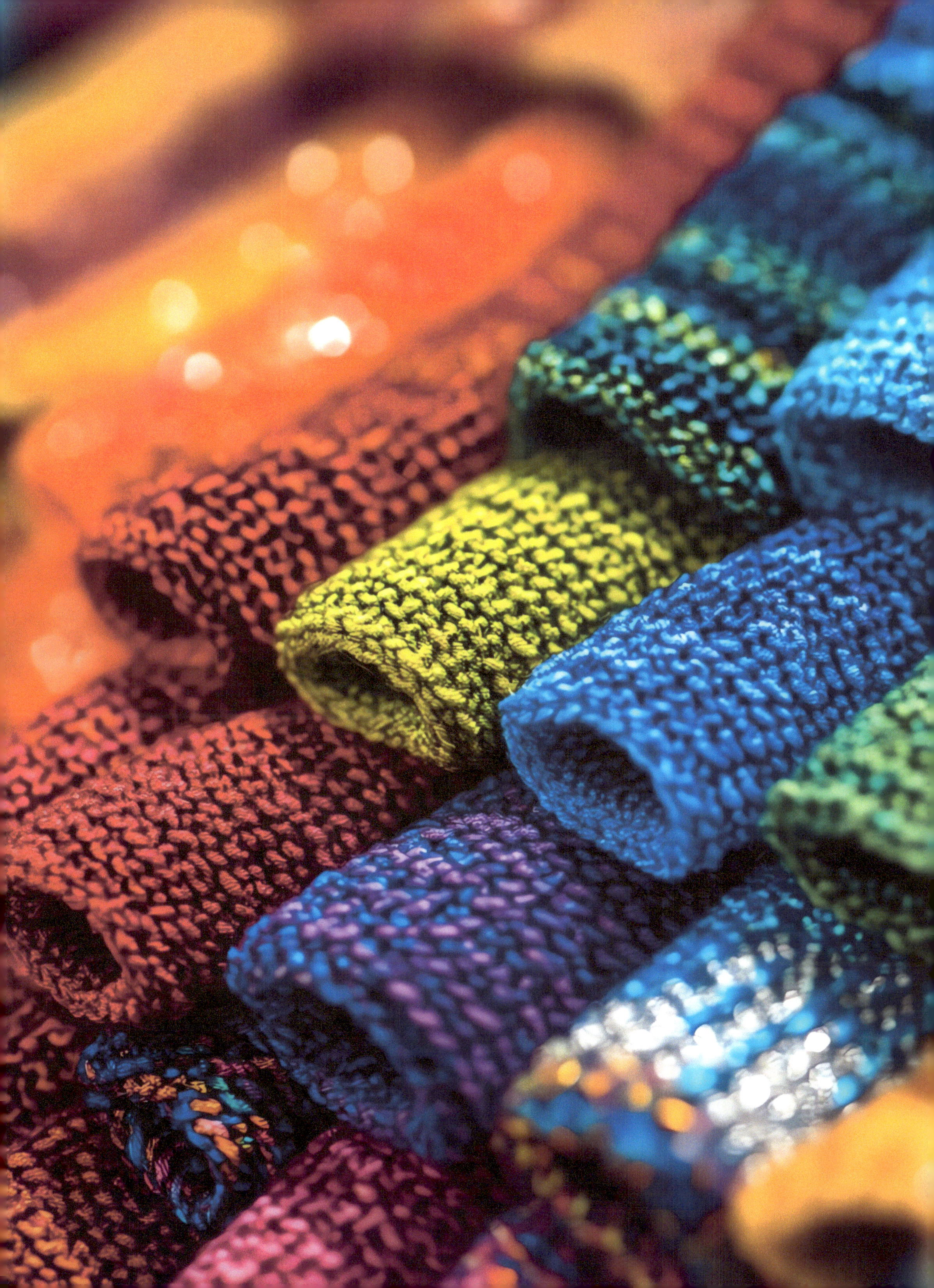

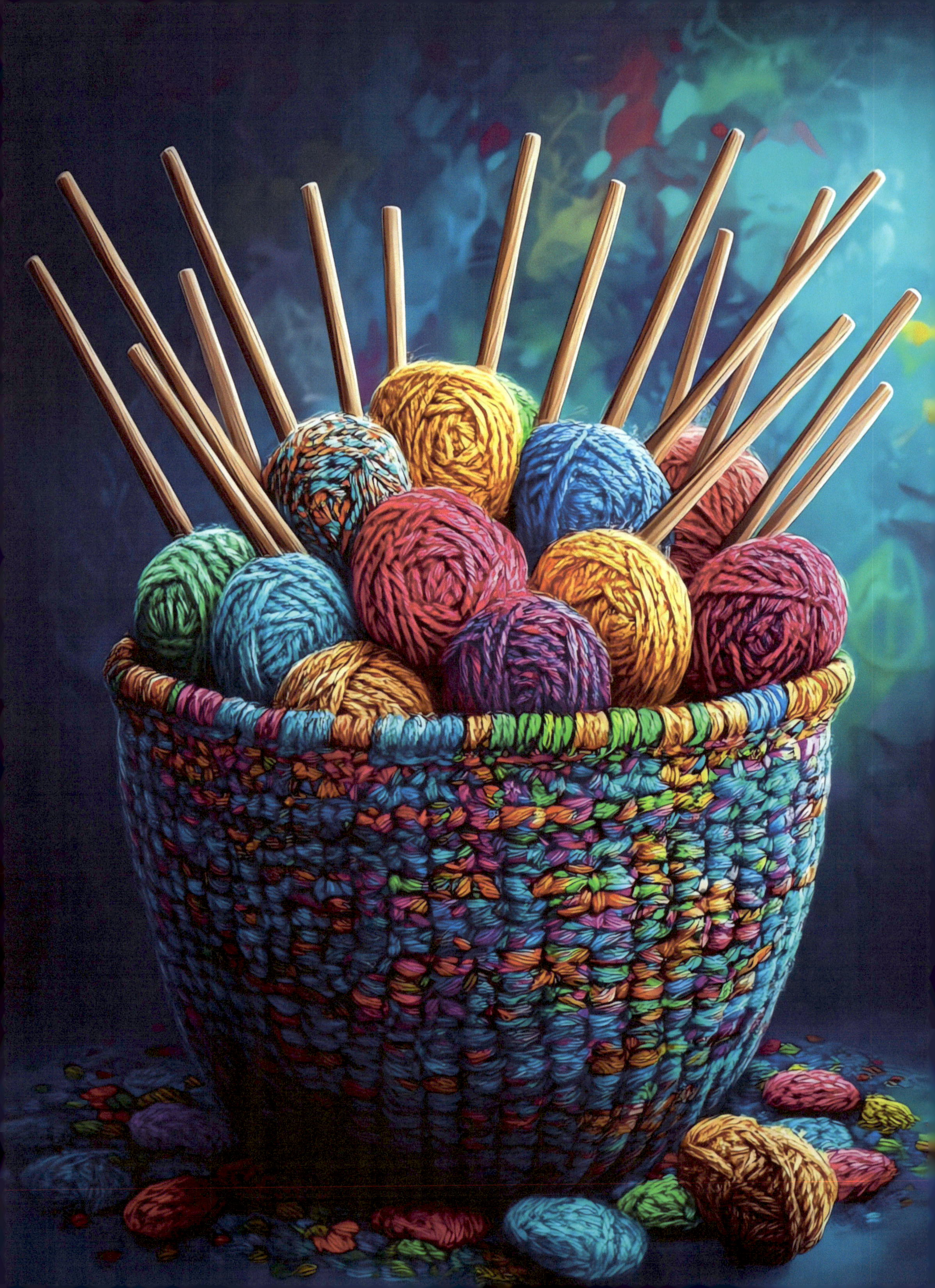

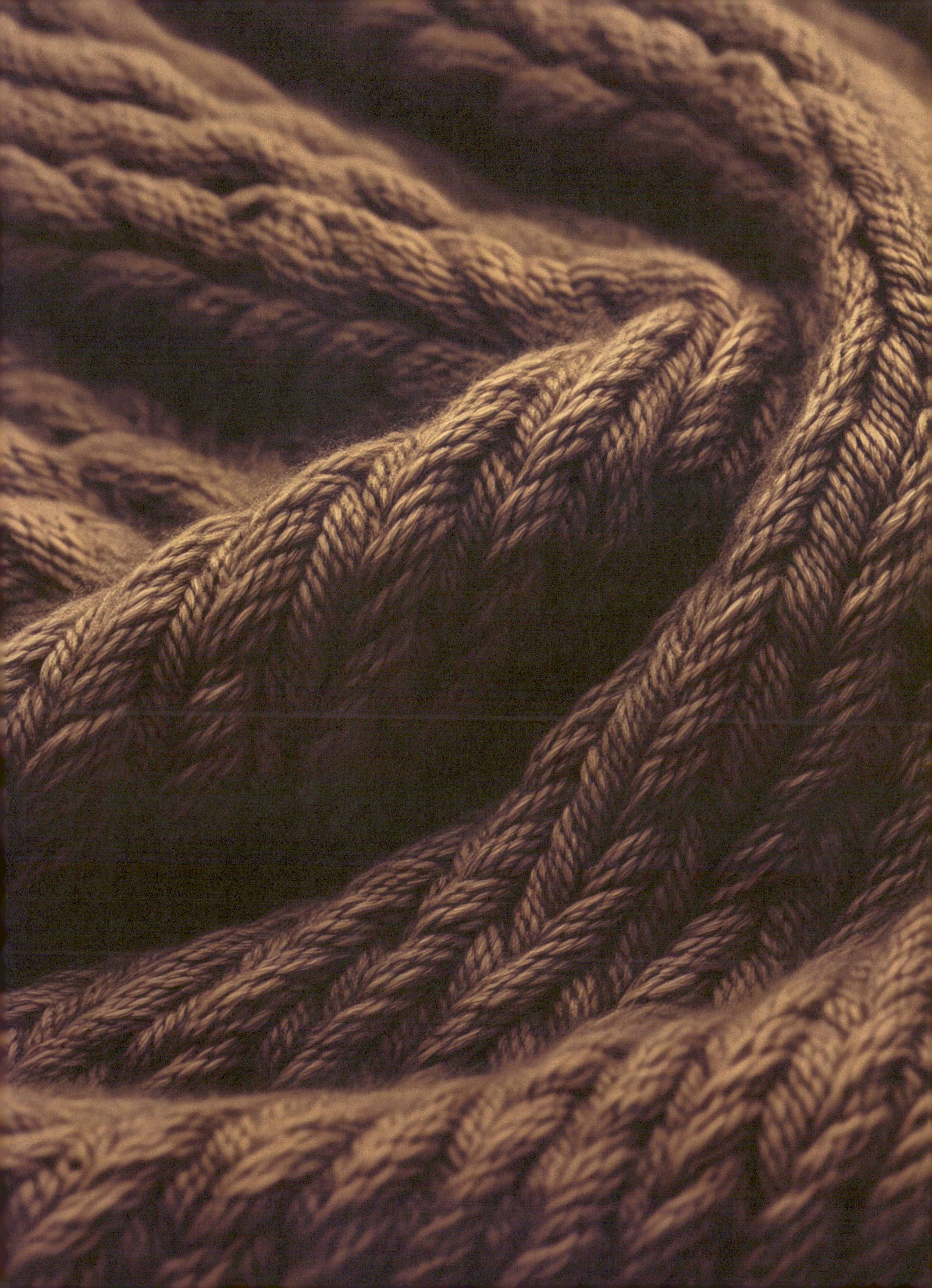

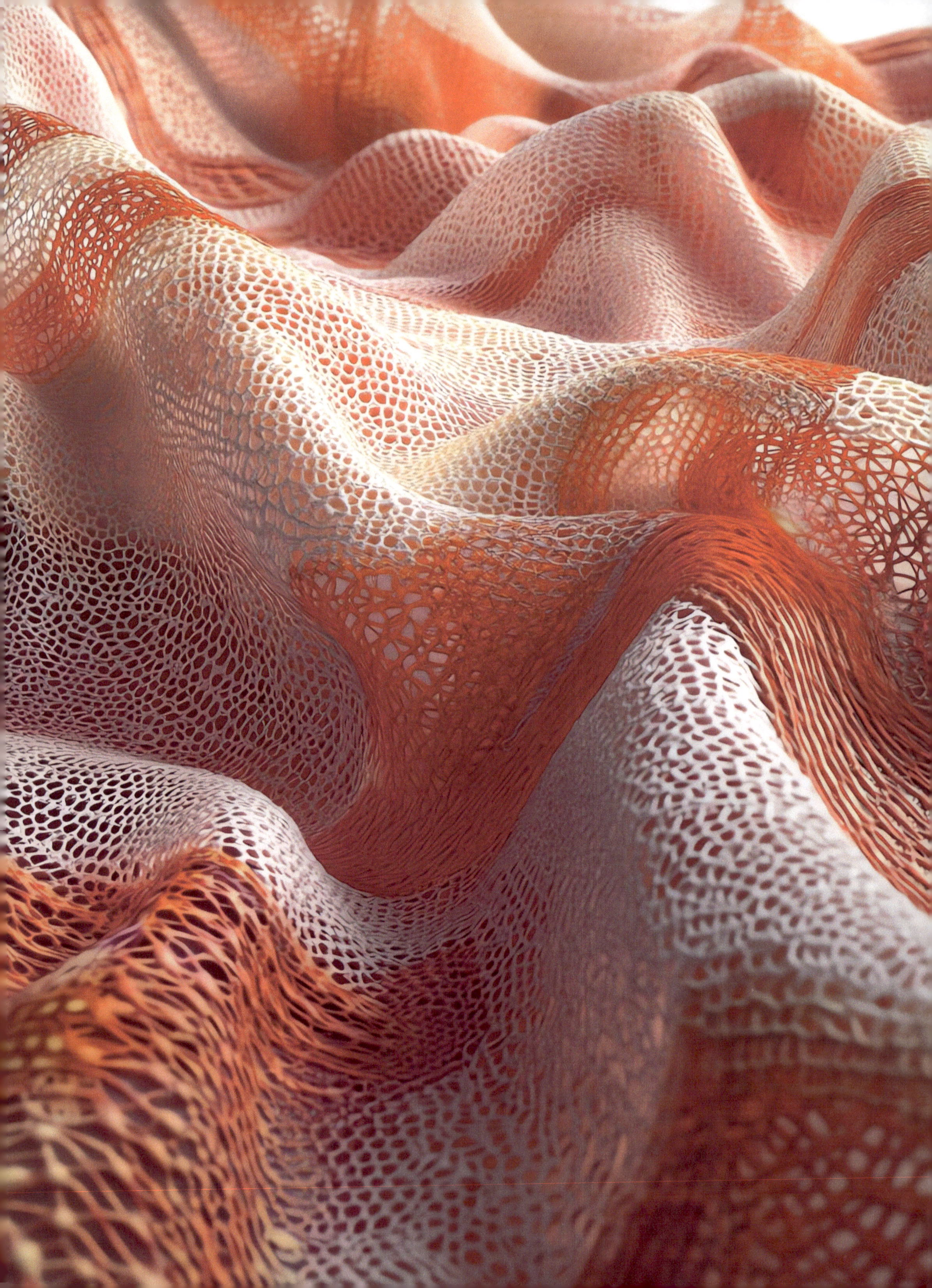

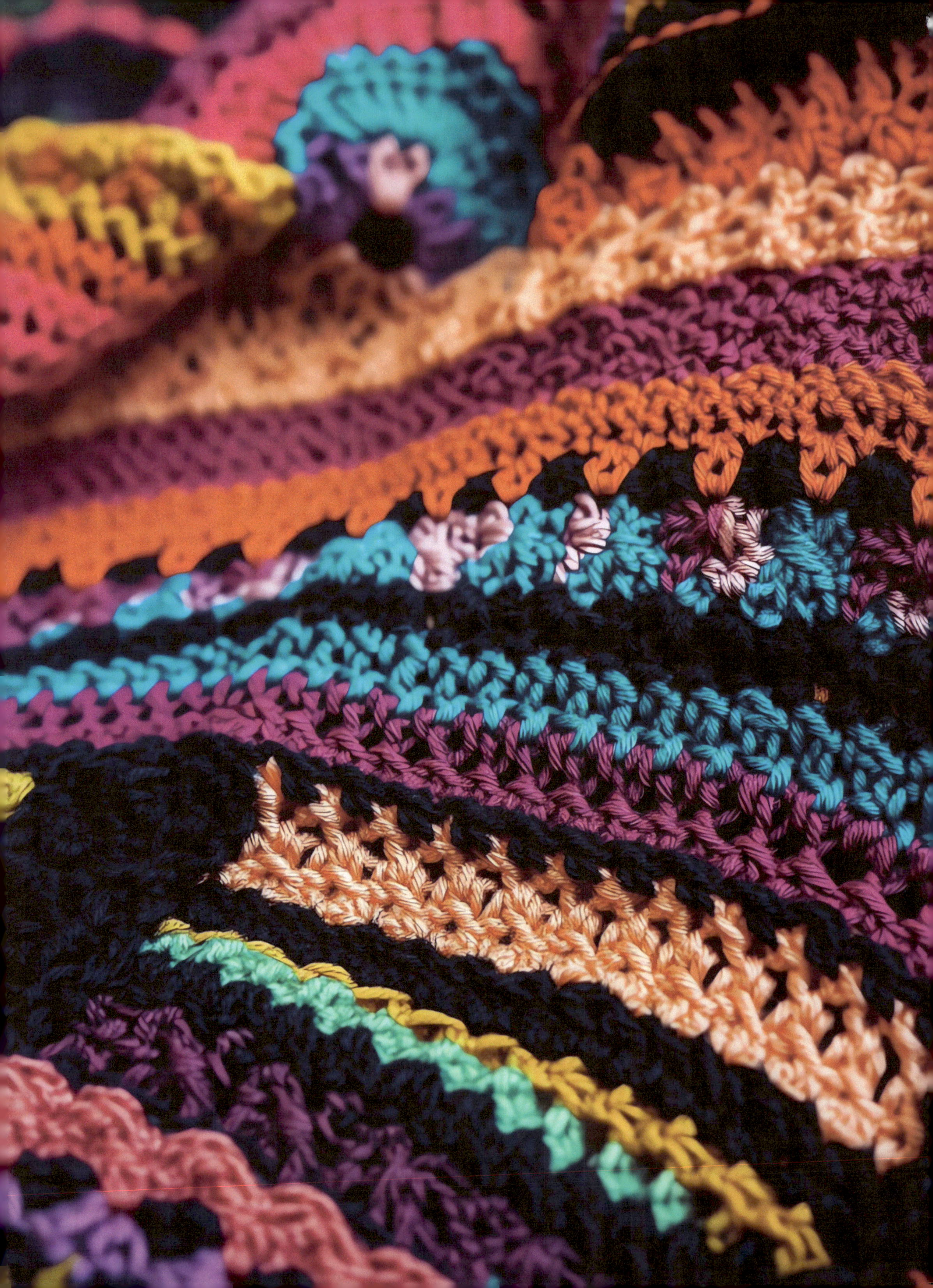

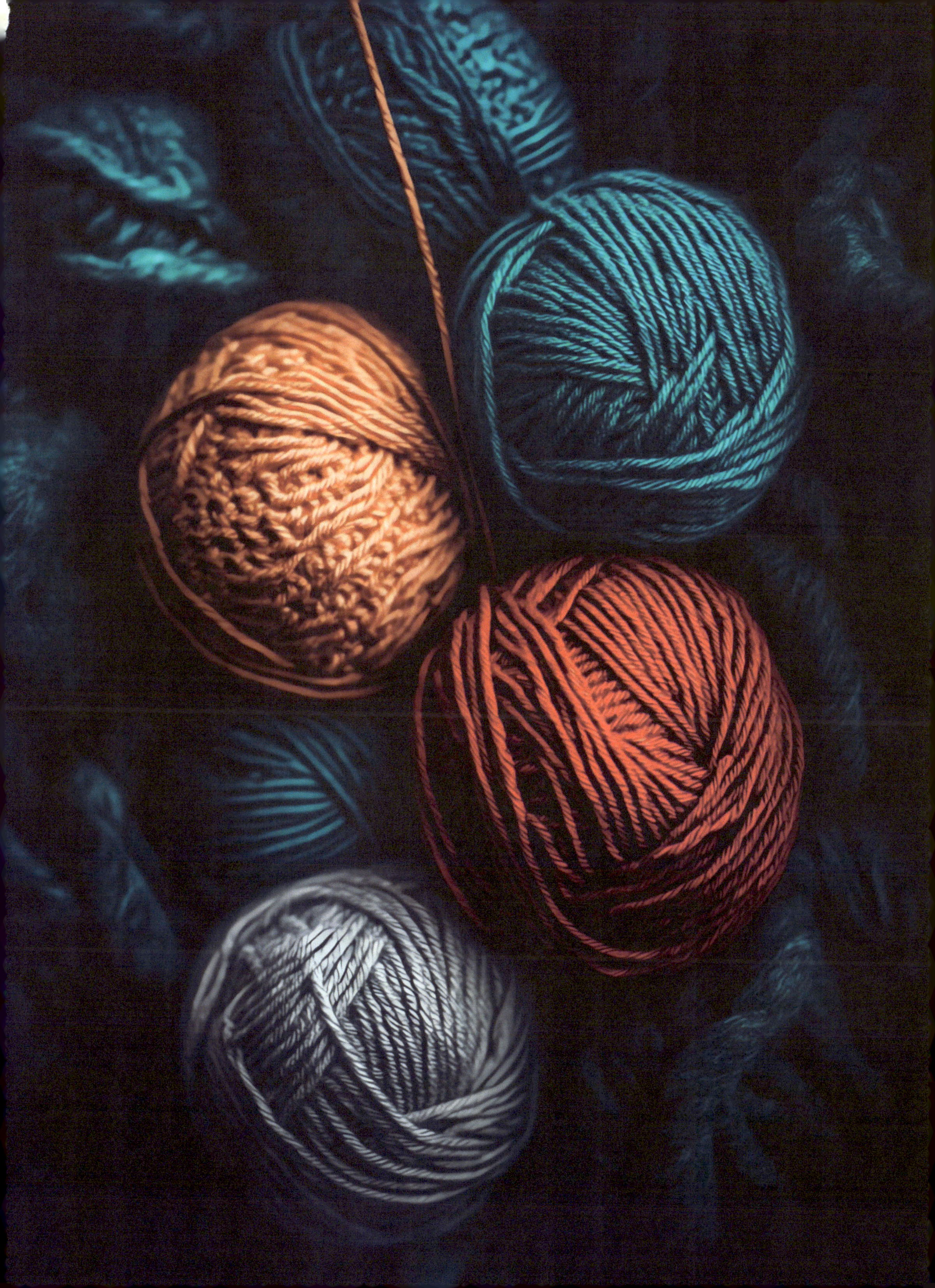

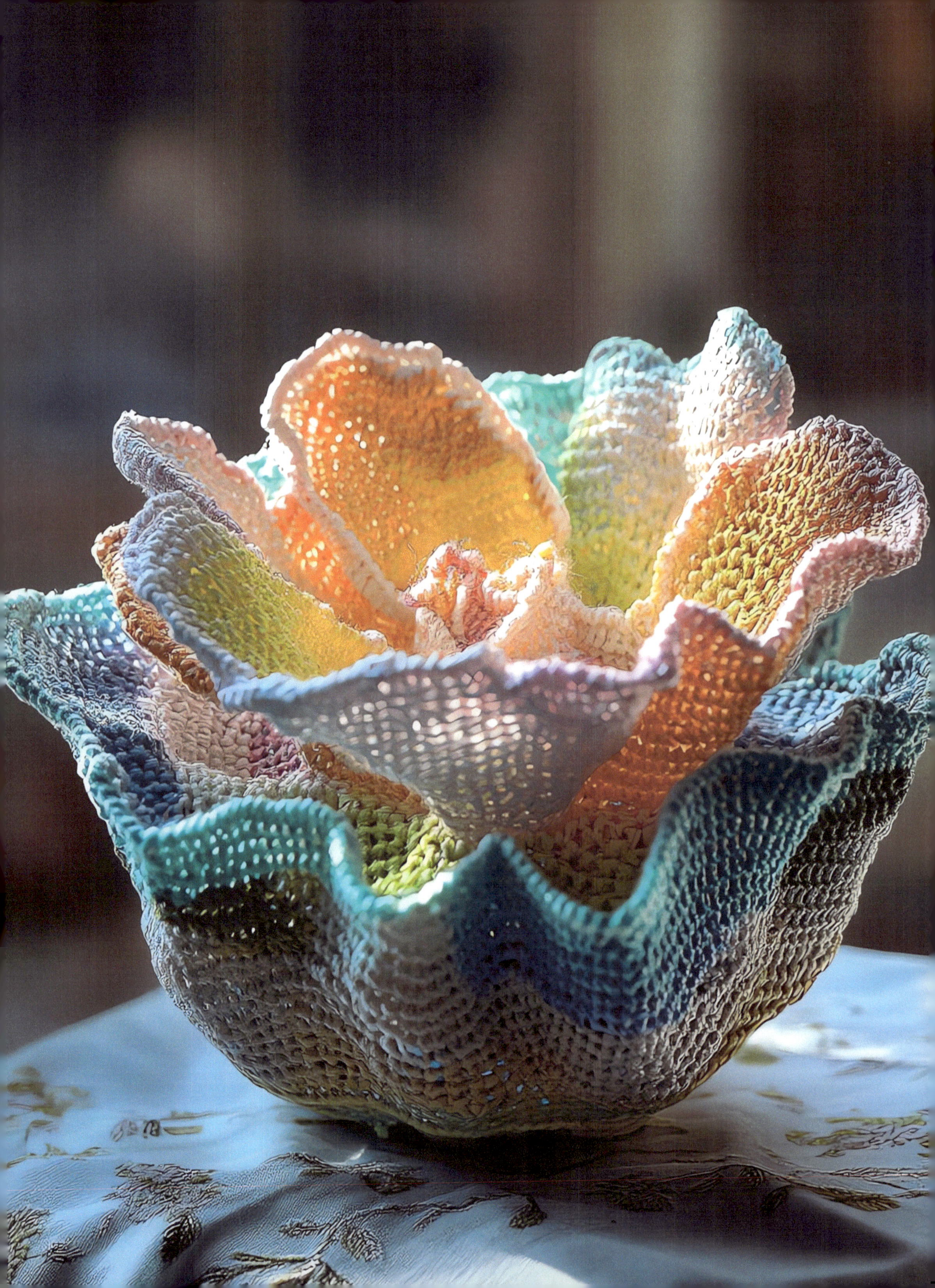

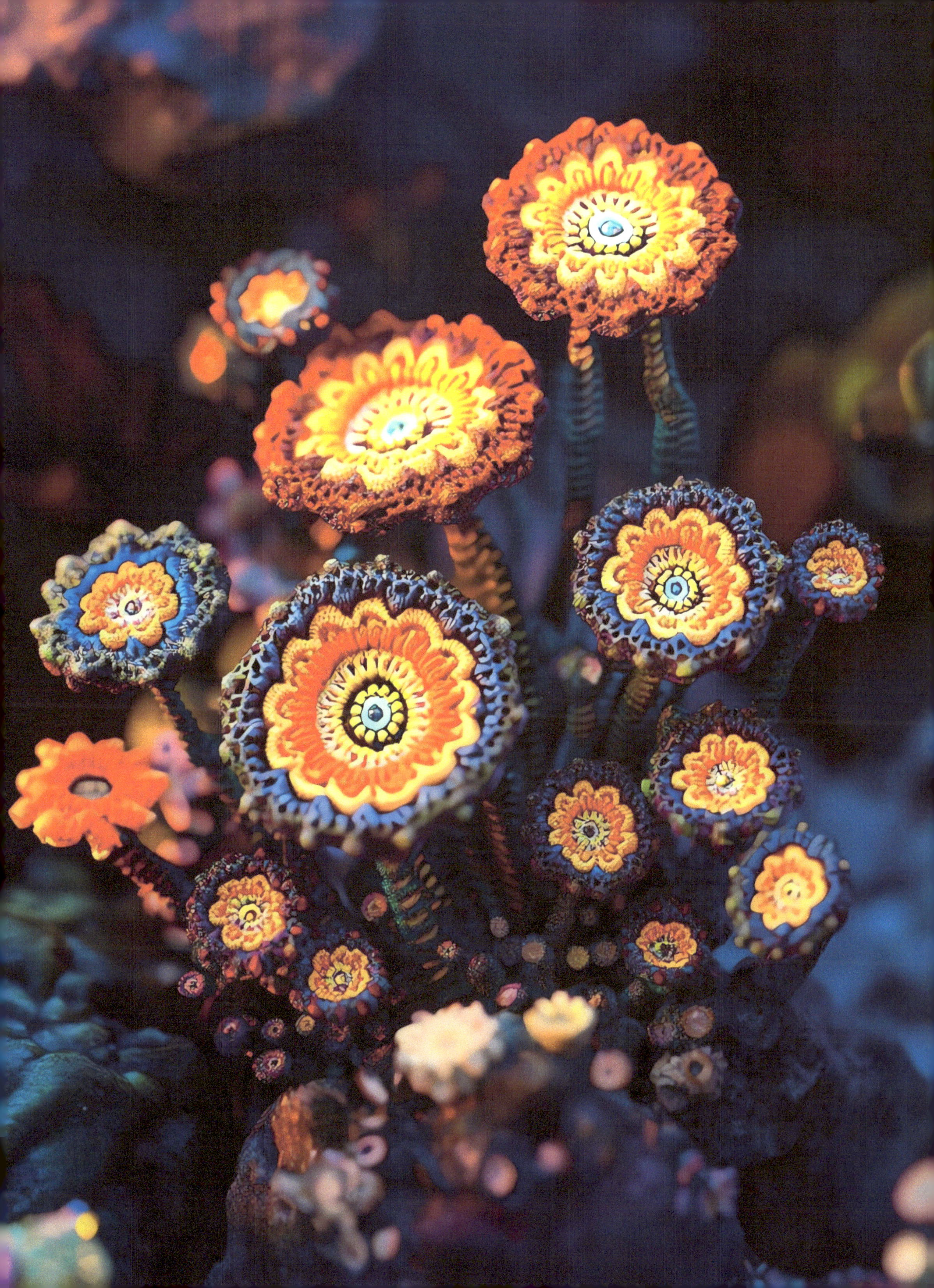

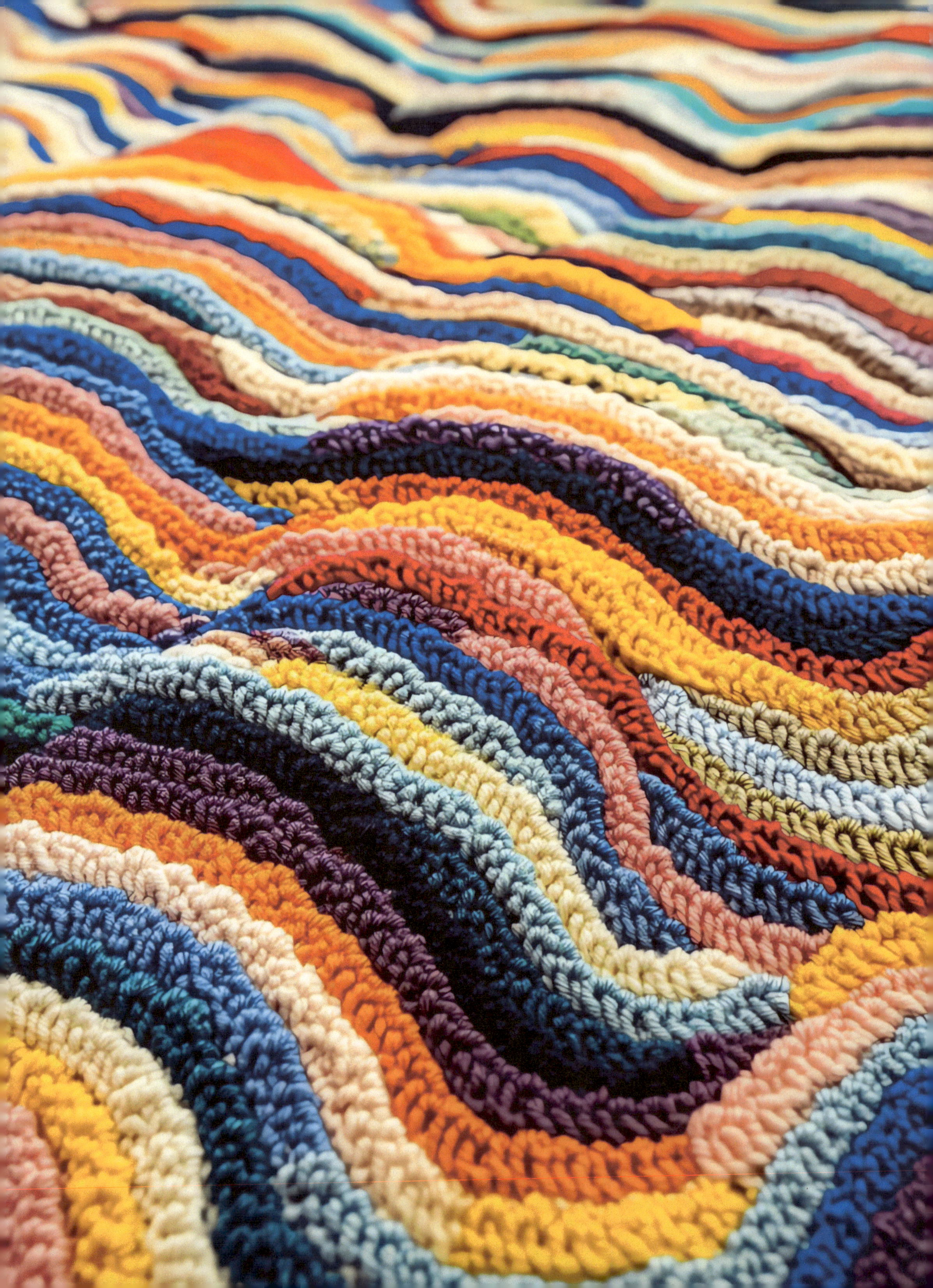

www.ingramcontent.com/pod-product-compliance
Lightning Source LLC
Chambersburg PA
CBHW040440220526
45473CB00004B/1488
* 9 7 9 8 3 0 0 8 7 1 3 5 2 *